高校教学模式创新与创新型人才培养研究

孙一峰　著

新华出版社

图书在版编目（CIP）数据

高校教学模式创新与创新型人才培养研究 / 孙一峰

著. -- 北京 : 新华出版社, 2023.9

ISBN 978-7-5166-7056-9

Ⅰ.①高… Ⅱ.①孙… Ⅲ.①高等学校－教学模式－

研究－中国②高等学校－人才培养－研究－中国 Ⅳ.

①G642②G649.2

中国国家版本馆CIP数据核字(2023)第186843号

高校教学模式创新与创新型人才培养研究

作　　者：孙一峰

选题策划：唐波勇

责任编辑：唐波勇　　　　　　　　　封面设计：优盛文化

出版发行：新华出版社

地　　址：北京石景山区京原路8号　　　邮　　编：100040

网　　址：http://www.xinhuapub.com

经　　销：新华书店、新华出版社天猫旗舰店、京东旗舰店及各大网店

购书热线：010-63077122　　　　　中国新闻书店购书热线：010-63072012

照　　排：优盛文化

印　　刷：石家庄汇展印刷有限公司

成品尺寸：170mm×240mm

印　　张：14.25　　　　　　　　　字　　数：230千字

版　　次：2023年9月第一版　　　　印　　次：2023年9月第一次印刷

书　　号：ISBN 978-7-5166-7056-9

定　　价：88.00元

前　言

在全球化和科技高速发展的背景下，社会对人才的需求日益多样化和综合化。高校作为人才培养的重要基地，面临着巨大的挑战。随着科技的迅猛发展，知识更新速度加快，传统的教学模式已经难以满足当代大学生的需求。高校教学模式亟须改革，引入新的教学理念和方法，帮助学生适应未来职业生涯的挑战。与此同时，现代社会对人才的需求越来越多样化。高校教育需要培养具有创新精神、实践能力、团队合作精神、跨学科知识的综合型人才。传统的高校教学模式已经难以满足当代大学生的需求，教育改革和创新势在必行。

鉴于此，笔者撰写了《高校教学模式创新与创新型人才培养研究》一书，其理论意义和实践价值自是不言而喻。笔者在本书创作过程中，在内容编排上共设了八章，各章节内容如下。

第一章主要阐述了教学模式相关概念，分析了教学模式的演进轨迹与发展趋势，论述了高校教学模式的特性、结构及功能，奠定了高校教学模式创新的理论基础。

第二章主要从学科核心素养视域出发，围绕学科核心素养的内涵、意义、养成与培养等，以及教学模式的转型与创新进行了论述，为高校教学模式的创新提供了正确的思路。

第三章主要介绍了现有的几种创新型教学模式，包括探究式教学模式、体验式教学模式、任务驱动式教学模式、"慕课＋翻转课堂"教学模式、对分课堂教学模式等，并辩证地分析了教学模式创新与创新型人才培养的关系，进一步强调了教学模式创新的必要性。

第四章主要论述了创新型人才培养的相关理论，包括创新与创新型人才的核心概念界定，清晰地介绍了创新型人才成长的一般规律，论述了高校创新型人才培养的时代重任，以及创新型人才培养的重要依托——创新教育，为高校创新型人才培养奠定了良好的理论基础。

第五章从人才培养制度创新的宏观层面、中观层面及微观层面出发，对高校创新型人才培养进行了阐述，希望为高校创新型人才的培养提供制度保障。

第六章笔者主要从人才培养模式入手，在阐述构建原则与运作机制、影响因素与现实困境的基础上，对如何优化高校创新型人才培养模式进行了全面、具体的论述，希望提高高校创新型人才培养的质量。

第七章主要从师资队伍建设角度入手，在明晰现实诉求与价值意蕴的基础上，详细介绍了高校创新型教师的素质特征及应教学的内容，提出了创新型人才培养途径，以及如何建设教师激励机制，为高校创新型人才的培养提供高质量师资队伍保障。

第八章从多角度、多层次、全方位对本书进行了概括性总结，并对高校教学模式的发展和创新型人才的培养进行了展望。

由于笔者知识和水平有限，书中错漏之处在所难免，恳请各位领导、专家、教师同行及阅读本书的朋友们多提宝贵意见，以便不断改进与完善。

目　录

第一章　高校教学模式

第一节 教学模式概述

一、教学模式的各种界定

关于教学模式的定义，学术界众说纷纭，尚未达成一致的看法。从各种不同的教学理论、教学方法、教学组织环节形态以及教学手段视角来看，教学模式具有多种不同的概念和界定。

（一）教学模式是一种教学理论

部分专家学者从教学理论视域出发，将教学模式看成一种教学理论。如张武升认为："教学模式是在教学实践活动中形成的一种设计和组织教学的理论，这种理论是以简化的形式表达出来的。"[①]教学模式是以抽象形式对教学原型的类比和简约的表达形式，既包含了类比和简约这两个本质特征，同时也强调了教学方法、组织形式和手段等主要因素及它们之间的相互联系。它具有实质操作性特征，但并不等同于教学理论。教学模式不但具有理论性层面，而且还包括操作性层面，作为教学理论与教学实践之间的桥梁，起到承上启下的作用。

教学理论作为一种理论体系，是以一套相对完整的教学原理来对教学现象进行描述的，虽然其本质特征也是类比和简约，但并不等同于教学模式，而且教学理论在形式上更为抽象和全面。因此，教学模式与教学理论之间虽有联系，但仍存在质的区别，它们在教育领域各有所长，共同推动教育事业的发展。

（二）教学模式是一种教学方法

部分专家学者从教学方法的角度出发来定义教学模式，将教学模式看成了一种教学方法，如温世颂认为，教学模式是一种特殊的教学方法，运用于某些特定的教学情境[②]。确实，教学模式与教学方法之间存在着千丝万缕的联系，但二者并非等同。教学方法是一种单一的、具体的实践操作方法和手段，

---

① 张武升.关于教学模式的探讨 [J].教育研究，1988（7）：60-63.
② 温世颂.教育心理学 [M].台北：三民书局，1980：269.

以实现某一特定目标为目的。相较之下，教学模式是一个更高层次的概念，它是基于一定理论构建的教学过程的程序，是由包括教学方法在内的诸多要素组成的有机整体，旨在实现教学目标并掌握教学内容。教学模式不仅具备教学方法的操作性特征，还融入了教学理论的指导性，它在实践操作中为教育工作者提供了更全面、系统的指导。

（三）教学模式是一种教学策略

部分专家学者从教学策略的视角论述教学模式，将教学模式视为一种教学策略，如美国教育家保罗·埃金将教育模式定义成"为特定教学目标而设计的具有规定性的教学策略"[①]。当前关于策略的定义存在多种观点，从不同的理论和视角出发，可以将策略界定为方法、方法与技巧、途径、过程或信息处理等。教学策略作为一种学习策略，可以被定义为"可以引起知识、技能、运用能力、智力、思想文化和情意因素等持久变化的、有效的活动、途径、措施和调控活动（包括内隐的心理活动和外显的行为）的结合体"[②]。

从策略定义的角度来看，教学策略是在教学过程中采用的全局性、引领性的对策、计划、措施、方法和思维活动的程序，它与教学方法和教学模式不仅存在着必要的联系，还存在着一定的区别。而教学模式则是基于理论指导下构建的教学过程的程序，是涵盖教学方法和教学策略的理论与实践有机结合的综合体。

（四）教学模式是一种教学结构

部分专家学者认为教学模式是一种教学结构，如吴也显提出，教学模式是某种方案经过多次反复的实践检验和提炼，形成的相对稳定的、系统的和理论优化了的教学结构[③]。根据这一观点，简单来说，教学模式是一种教学活动的结构。结构是事物主要因素及其联系的关系，教学结构是教学模式的核心组成部分，但并非全部。

---

① 埃金，考切克，哈德.课堂教学策略[M].王维城，刘廷宇，徐仲林，等译.北京：教育科学出版社，1990：100-105.
② 章兼中，俞红珍.英语教育心理学[M].北京：警官教育出版社，1998：86.
③ 吴也显.课堂教学模式浅谈[J].教育研究与实验，1988（1）：12-15.

二、教学模式的界定

综合上述界定，再结合长期教学实践经验的积累，笔者对教学模式的定义作出如下界定：教学模式是通过简洁明了的语言、符号或图表等方式来表达、反映教学理论，并基于特定教学目标所设计的、相对稳定的各种各样教学活动顺序结构的程序及其教学策略、教学方法系统的有机整体。

根据上述教学模式的概念，不难看出，教学模式是一种兼具理论性和操作性的特殊形式，它在教学理论和教学实践之间架起了一座桥梁。一方面，教学模式不仅体现了某种教学理论、原理和规律，还为实现特定的教学目标提供了稳定的教学过程结构、程序和原则，以便更好地指导教学实践。另一方面，教学模式也是一种具体实施操作的策略和方法，它将教学策略、方法、组织形式以及手段组合到一起，构建成一个具有具体性、完整性的操作体系，使教师能够根据科学合理的程序、步骤、策略、方法以及手段组织一系列教学活动。这样的模式不仅可以有效避免理论过于抽象难以理解和把握，也可以避免因教学方法过于零散、复杂而难以运用。教学模式的重要价值在于将理论转化为具体清晰、准确、鲜明的几条原则，便于教育工作者更好地理解、掌握、迁移或指导教学实践。同时，它也能将杂乱无章、琐碎无序的方式方法条理化、程序化、规律化、系统化和理论化，从而更便于教育工作者操作、应用和实施。

一种具有代表性的教学模式绝不只是针对一个具体的知识点，单个知识点也很难构成教学模式来开展教学。因此，教学模式往往是针对某一类知识点来构建自身系统的体系，一个具体的知识点只有从属于某一类知识时，才可以运用该类知识对应的教学模式来实施教学，如对于某项语法知识，都能运用语法规则的教学模式实施教学。但如果只是一个词或一个句子的个别或偶然教学现象，是很难形成或构建教学模式的。教学模式无法形成于个别、偶然的教学现象当中，只能产生于概括一类知识或能力、能揭示普遍规律并可重复模拟标准化的教学活动中。这种教学模式具有相对稳定性，但并非固定不变。在不同的教学情境中，教学模式可以被把握、模仿和调整，同时也可以进行修正和发展。然而，在这些变化中，教学模式的理论和结构体系仍保持着本质上的稳定性。这种稳定性使得教学模式在广泛的教学场景中具有参考价值，有助于提高教育质量和学生的学习效果。

教学模式需要根据教学内容的不同领域、不同层次进行合理的构建，具有较强的理论性和可操作性。教学模式要操控得当，既不能过于微观、细化，也不能过于宏观、粗放。如果教学模式过于微观、细化，就会导致教师无章可循；如果过于宏观、粗放，就会导致缺乏针对性、操作性。

三、教育教学中比较常见的教学模式

（一）掌握学习教学模式

掌握学习教学模式是一种创新的教学模式，其主要目标是通过有效的教学设计和实施，让大多数学生能够在学习过程中获得优秀的学术成绩。这种教学模式着重解决了传统集体教学和学生个别需要之间的矛盾，致力于打造一个既能满足全班学生基础教育需求，又能针对个别学生进行个性化辅导的教学环境。

这种模式的一个主要特点是以教为主，教师在教学过程中扮演着至关重要的角色。教师负责设计和组织教学活动，为学生提供必要的指导和支持，帮助他们理解和掌握课程内容。在教学过程中，教师应重视引导学生进行主动学习，鼓励他们提出问题，提出自己的观点，以提高他们的学习兴趣和积极性。同时，这种模式也强调班级教学和个别辅导相结合，因为在班级教学中，教师可以通过直接讲解和示范，让所有学生同时了解和理解基本的知识和概念，而在个别辅导中，教师可以针对学生的个别需要，提供更加详细和深入的解释和讲解，帮助他们消除疑惑，深化理解，提高学习效果。

对于成绩一般和较差的学生，掌握学习教学模式特别有效，教师可以通过个别辅导，了解他们的学习困难和问题，然后提供针对性的帮助和支持，帮助他们改善学习方法，提高学习效果。同时，教师也可以通过定期进行学习评估，了解他们的学习进度和效果，为他们提供及时和有效的反馈，帮助他们调整和优化学习策略，提高学习效果。

掌握学习教学模式也特别适用于基础知识、基本概念及基本原理的教学，因为这些内容通常比较抽象和复杂，需要教师进行详细和深入的讲解，才能让学生理解和掌握。在这种模式下，教师可以根据学生的理解程度和学习速度，调整和优化教学方法和策略，确保他们能够有效地学习和掌握这些内容。

（二）发现学习教学模式

发现学习教学模式是一种主张通过自我探索和发现来获取知识的教学模式，其主要目标是培养学生独立思考、主动探索和解决问题的能力。这种教学模式强调的不仅仅是知识的普及，更关注的是学生在学习过程中的主观体验和独立思考。

在这种教学模式下，教师的角色发生了显著变化，他们不再是知识的直接传递者，而是成为学生学习的指导者和助推者。教师主要通过设计有启发性的问题和情境，激发学生的学习兴趣，引导他们通过自我探索和发现来解决问题和获取知识。在这个过程中，学生需要利用自己的观察、推理和实验等能力，以及已有的知识和经验，对问题进行深入研究，从而获取新的理解和发现。

发现学习教学模式也特别重视学生的自我评价和反思，认为这是推动学生持续学习和发展的关键因素。在学习过程中，学生不仅需要自我评估学习进度和效果，还需要反思自己的学习方法和策略，以便于及时调整和优化，提高学习效果。

发现学习教学模式侧重于培养学生的学习能力，适用于逻辑系统严密的学生。这是因为这种教学模式需要学生能够独立思考，系统分析问题，进行逻辑推理，这些都是在逻辑系统严密的学科中特别重要的能力。同时，这种教学模式也鼓励学生积极参与学习，主动探索新的知识和理论，这对于激发学生的学习兴趣、提高他们的学习积极性和效果具有重要的作用。

（三）程序教学模式

程序教学模式是一种以学生为中心，通过系统的步骤和程序，向学生灌输基础知识和基本技能的教学模式。在程序教学模式中，教学内容被精细地划分为一系列的学习单元，每个单元都包含一个明确的学习目标，这个目标通常是掌握一项特定的知识或技能。每个学习单元的结尾都有一系列的测验或练习，以检测学生是否已经掌握了该单元的学习内容。学生只有正确完成了这些测验或练习，才能进入下一个学习单元。这种学习过程往往需要借助于各种教学设备，如教学机器或电脑软件。

程序教学模式的一个主要优点是，它可以确保每个学生都能在自己的节奏下进行学习，直到完全掌握每个学习单元的内容。另外，通过对每个学习单元的精细划分和测验，教师可以清晰地了解学生的学习进度和理解程度，从而及时地提供必要的帮助和反馈。

然而，程序教学模式也有其局限性。第一，它往往过于强调知识和技能的分解和机械训练，可能会忽视学生的创新思维和批判性思考能力的培养；第二，由于每个学习单元的内容都是预先设定的，这可能会限制学生的学习兴趣和探索欲望。因此，程序教学模式更适合用于基础知识和基本技能的教学，而不适合用于复杂的概念理解和创新思维的培养。

（四）范例教学模式

范例教学模式是一种以学生为中心，强调实践和理解的教学模式。在这种模式中，教师会提供一系列与学习主题相关的范例或案例，然后引导学生进行深入的分析和探讨，从而达到对学习内容的深入理解和应用。

范例教学模式旨在通过具体的案例或示例，使学生更好地理解抽象的理论和概念，从而提高学习的实效性。在这个过程中，学生不仅需要对范例进行深入的分析和理解，还需要运用所学知识和技能来解决与范例相关的问题或挑战。这既可以加强学生的学习动机和兴趣，也可以提升他们的思考和解决问题的能力。

范例教学模式还注重学生的主动参与和自主学习。在分析和探讨范例的过程中，学生需要积极主动地参与到学习活动中，提出自己的观点和想法，然后与同学和教师进行深入的交流和讨论。这不仅能够激发学生的学习热情和兴趣，也能提高他们的交流和合作能力。

范例教学模式的一个重要特点是，强调学习的实践性和应用性。通过具体的范例，学生可以直观地理解和掌握知识和技能，而不仅仅是空洞地记忆理论和概念。这种强调实践和应用的教学模式，有助于学生更好地将所学知识和技能应用到实际生活和工作中，从而提高学习的实用性和实效性。

（五）合作教学模式

合作教学模式是一种鼓励学生之间相互合作，以共同完成学习任务的教学模式。这种模式强调学生的主动参与、互动交流以及团队合作，帮助学生从中获得深刻的学习体验，提升各项技能。

在合作教学模式中，学生通常被分成小组，每个小组的成员都有特定的角色和责任，共同完成一个指定的学习任务或项目。这种方式不仅可以激发学生的学习兴趣和动机，还可以提升他们的团队协作和问题解决能力。同时，通过团队合作，学生还可以学习如何有效地沟通和协商，如何处理冲突和分歧，以及如何包容和尊重他人的观点和想法。

合作教学模式的目标不仅在于让学生掌握知识和技能，更重要的是通过合作学习，培养学生的社交能力、批判思维能力以及自主学习能力。在合作学习过程中，学生需要积极参与讨论，批判性地思考问题，自主寻找和利用资源，这对于学生未来的学习和职业生涯都有着积极的影响。

合作教学模式的实施需要教师具备一定的组织和引导能力。教师不仅要组织和分配学习任务，还要在学习过程中给予学生适时的引导和反馈，帮助他们解决学习中的问题，提升学习效果。同时，教师需要关注每个学生的学习进度和表现，及时调整教学策略，以确保所有学生都能从合作学习中受益。

（六）非指导性教学模式

非指导性教学模式是一种强调学生自主性和主动性的教学模式。在这种模式中，教师的角色主要是指导者和协助者，而学生则是学习的主体和探索者。该模式的核心目标是培养学生的自我学习能力、创新思维和探究精神。

在非指导性教学模式中，教师并不直接教授知识，而是设计和提供各种学习资源和环境，让学生自主地探索和学习。学生在这个过程中，需要自我设定学习目标，计划和调整学习策略，反思和评估自己的学习过程和结果。这种方式鼓励学生主动参与，发挥创新思维，解决实际问题。

非指导性教学模式强调学习过程和学生的个人发展，而不仅仅是知识的获取。它鼓励学生进行自主学习，发展独立思考和批判性思维能力，提升解决问题和创新的能力。同时，它注重培养学生的情感态度和价值观，如自信心、责任感、公正感等。

实施非指导性教学模式需要教师具备一定的教学设计和引导能力，以及对学生的理解和尊重。教师需要根据学生的学习需求和特点，设计适合的学习活动，提供丰富的学习资源，引导学生进行自主学习。同时，教师还需要对学生的学习过程进行持续的关注和反馈，帮助学生解决学习中的困难，促进学生的全面发展。

（七）暗示教学模式

暗示教学模式，是一种强调利用心理暗示手段以提高学习效果的教学模式。这种教学模式借鉴了心理学中的暗示原理，通过影响学生的心理活动，激发其潜能，以提高其学习效果。

在暗示教学模式中，教师不仅要教授知识，更要利用各种暗示手段，创设积极的学习环境，激发学生的内在动力，使其在轻松愉悦的情境中进行高效的学习。教师需要熟练地运用肯定、赞美、鼓励、预期等各种暗示技术，通过语言、行为、环境等多种形式，以唤醒学生的潜意识，构建激发学生学习兴趣的情境。

暗示教学模式是以学生为中心的教学模式，强调人的感情、智力及非智力等因素对认知、创造性及潜能的影响，注重培养学生的独立思考能力和创新精神。在这种模式下，学生不再是被动接受知识的容器，而是积极主动的学习者和探索者。

实施暗示教学模式需要教师具备深厚的专业知识，熟悉心理学原理，具有敏锐的观察力和高超的暗示技巧。教师需要灵活应对各种教学情况，发现学生的学习困难，提供有效的帮助。同时，教师需要具有高度的教育热情和责任感，以身作则，以行动影响学生，引导学生积极面对学习，努力提高自己。

第二节　教学模式的演进轨迹与发展趋势

一、教学模式的演进轨迹

教学模式是教学活动的基本结构，每个教育工作者在教学中都按照一定的教学模式实施教学，只是其中存在着采取的教学模式是否科学合理的问题。了解教学模式的起源和发展，有助于人们借鉴传统教学模式和深化对当代各种新教学模式的认识和理解，便于人们准确地把握教学模式的发展趋势。

"教学模式"这一概念与理论出现于 20 世纪 50 年代以后，但教学模式最早的雏形可以追溯到古代，当时教学的典型模式是传授式。这种模式的结构是"讲—听—读—记—练"，特点是教师灌输知识，学生被动地接受知识，书中的文字与教师的讲解如出一辙，学生往往是机械地进行重复学习。这种教学模式没有重视学生在学习过程中的主体性，一定程度上压抑和阻碍了学生的个性发展。

　　随着时间的推移，到了 17 世纪，学校教学中引入自然科学的内容，应用直观教学法，提出与落实班级授课制度，捷克教育家夸美纽斯首次提出了以"感知—记忆—理解—判断"为程序结构的教学模式。这种模式在一定程度上改进了传统教学模式的弊端，使得教学活动更加丰富多样。

　　19 世纪是一个科学实验欣欣向荣的时期。德国哲学家、心理学家赫尔巴特的理论在一定程度上反映了这一阶段科学发展的趋势，他从统觉论出发，全面研究人的心理活动，提出了"明了—联想—系统—方法"的四阶段教学模式。在此之后，赫尔巴特的学生莱因对其教学模式进行了改造，创造了五阶段教学模式，即"预备—提示—联想—总结—应用"。

　　这些教学模式存在着一个共性，即在不同程度上忽视了学生的主体性，因此在 19 世纪 20 年代，随着资本主义大工业的兴起，个性发展的思想逐渐得到重视和普及，这对以赫尔巴特为代表的传统教学模式造成了巨大的冲击。

　　19 世纪末 20 世纪初，美国哲学家、教育家杜威提出了"以儿童为中心"的"做中学"的实用主义教学模式。这一模式的基本程序主要包括五部分，即"创设情境—确定问题—占有资料—提出假设—检验假设"。该教学模式突破了以往教学模式单调性的倾向，很好地弥补了赫尔巴特教学模式的缺陷，着重突出学生的主体作用，有助于培养学生发现探索的技能，使学生获得探究问题和解决问题的能力，开辟了现代教学模式的先河。然而，实用主义教学模式也存在一定缺陷，即在教学过程和科学研究过程之间画等号，忽视了教师在教学中不可或缺的指导作用，过于重视直接经验的重要性，没有关注知识系统性的学习，对教学质量造成不利影响。因此，在 20 世纪 50 年代，实用主义教学模式受到了社会的强烈批评。

　　20 世纪 50 年代以来，科学技术迅猛发展，教育面临着新的科技革命的挑战。在此背景下，人们在研究学校教育和教学问题的过程中逐渐引入新的理论和技术。现代心理学和思维科学对人脑活动机制的揭示，发生认识论对个体认识过程的概括，认知心理学对人脑接受和选择信息活动的研究，尤其是系统论、控制论、信息加工理论等的出现，对教学实践产生了十分深远的影响，也给教学模式提供了诸多新的课题。因此，这一阶段的教育领域涌现出各种各样新的教学思想和理论，同时也出现了很多全新的教学模式，如模仿型教学模式、自学型教学模式，这些新的教学模式充分考虑了学生的主体性，强调教师与学生之间的互动，使教学过程更加富有生机。现代教学模式往往借鉴了多种教育理论，形成了综合性的教学策略，既有助于学生掌握知识，又有利于培养学生的创造力和批判性思维。此外，现代教学模式还关注教学过程的评估和反馈，以便对教学活动进行持续改进，提高教学质量。

总的来看，教学模式经历了从传统的传授式教学到现代多元化、综合性教学的发展过程。在这个过程中，教学模式不断地进行改进和创新，以适应不断变化的教育需求和科技发展。从这个发展历程中不难看出教学模式趋于严谨和完善，也可以预见未来教学模式会不断地向更加科学、合理和高效的方向发展。

二、教学模式的发展趋势

（一）从单一化教学模式向多样化教学模式发展

在教育史上，教学模式的发展经历了从单一化教学模式向多样化教学模式的转变。这种变化不仅体现了教育理论和实践的发展，也反映了社会对教育的需求和期望。20世纪初，赫尔巴特提出了"四段论"教学模式，这一模式成为当时教育界的主导。然而，随着杜威的实用主义教学模式的提出，教育界开始在"传统"与"反传统"之间来回摆动。在20世纪50年代以后，新的教学思想层出不穷，新的科学技术革命对教学产生了深刻影响，教学模式呈现出"百花齐放、百家争鸣"的繁荣局面。

教学模式的多样化发展促使教育者从不同的理论视角去思考教育问题。不同的教学模式具有不同的理论基础和方法，这为教育者提供了多元化的教学策略，有助于更全面地了解和解决教育问题。同时，多样化的教学模式有助于满足不同学生的需求。在多样化的教学模式下，教育者可以根据学生的个性特点、兴趣和需求，采用不同的教学方法，实现因材施教。这有助于调动学生的学习积极性，使他们在学习过程中充分发挥自己的潜能，实现全面发展。另外，多样化的教学模式促进了教育改革和创新。随着社会的发展和科技的进步，教育改革和创新的需求日益迫切。多样化的教学模式为教育改革提供了丰富的理论基础和实践经验，激发了教育者对教育现状和问题的深入思考，从而推动了教育改革的深入进行。

然而，多样化的教学模式发展也带来了一定的挑战。教育者需要在众多的教学模式中进行选择和整合，找到适合自己教学风格和学生需求的教学模式。这需要教育者具备较强的教育理论素养和实践能力，以便在教学过程中灵活运用各种教学模式，实现教学目标。

（二）由归纳型教学模式向演绎型教学模式发展

随着教育理论和实践的发展，教学模式已经从归纳型教学模式向演绎型教学模式发展，这一发展趋势体现了教育改革和创新的需要，也反映了教育者对教学过程中认知规律和教学方法的深入研究。

归纳型教学模式的重要特点是从教学实践中总结和归纳出经验和规律，从而为教学活动提供指导。这种教学模式的优势在于它能够充分利用教师和学生的实际经验，帮助学生从具体的实例中抽象出一般规律，从而更好地理解知识。然而，归纳型教学模式也存在一定的局限性。由于它的起点是经验，其理论依据相对较弱，可能导致教学过程中出现一定程度的不确定性。此外，归纳型教学模式在处理复杂和抽象问题时可能存在局限性，这可能对学生的深度学习和批判性思维能力的培养产生一定影响。

与归纳型教学模式不同，演绎型教学模式强调从科学理论和假设出发，通过推演和验证来形成教学模式。这种教学模式的优势在于它具有较强的理论基础，能够在教学过程中提供更加清晰和有条理的思路。此外，演绎型教学模式有助于培养学生的逻辑思维和推理能力，从而提高学生解决复杂和抽象问题的能力。

在教学模式的发展过程中，越来越多的教育者认识到演绎型教学模式的重要性，并积极探索如何将其应用于实际教学中。这一趋势表明教育者越来越重视教学过程中的理论指导，试图通过理论研究来优化教学方法和策略。但是，这并不意味着归纳型教学模式已经被完全淘汰。在实际教学中，教育者需要根据实际情况和学生的需求灵活运用归纳型和演绎型教学模式，以实现教学目标和提高教学质量。

（三）由以"教"为主向重"学"为主的教学模式发展

随着教育理念和教学方法的不断变革，教学模式已经从过去以"教"为主的教学模式向更加重视"学"的教学模式发展。这一发展趋势体现了教育改革的内在需求，也反映了教育者对教学过程中学生主体性和学习参与度的深入认识。

传统教学模式中，教师是知识的传授者和教学活动的主导者，学生往往处于被动接受的地位。这种教学模式往往过于强调教师的教学方法和技巧，忽视了学生的学习需求和兴趣。然而，随着教育理念的变革，教育者开始关注学生的学习主体性，认识到学生才是教育的核心。杜威的"反传统"教学模式为这一变革奠定了基础，使教育者更加重视学生在教学活动中的地位和作用。

在以"学"为主的教学模式中，教育者不再仅仅关注教师如何教，而是更加注重学生如何学。这种教学模式强调学生的主体性，鼓励学生积极参与教学活动，发挥自己的主观能动性。在这一模式下，教师不再是知识的传授者，而是学生学习的指导者和促进者。教师通过合理设计教学活动，引导学生主动探索、合作和交流，帮助学生发现问题、解决问题，从而培养学生的自主学习能力和创新精神。

以"学"为主的教学模式的发展趋势还体现在个性化教育的推广上。在这一教学模式下，教育者更加关注学生的个体差异，根据学生的兴趣、能力和需求制订个性化的教学计划。这有助于调动学生的学习积极性，优化学生的学习成果，为每一个学生提供更加适合自己的教育资源和机会。

（四）教学模式的日益现代化发展

随着科学技术的快速发展，教学模式的研究和实践也在不断地向现代化方向迈进。教育者越来越重视将现代科学技术的新理论、新成果融入教学活动中，推动教学模式的日益现代化。这一趋势不仅体现了教育创新的内在需求，也展示了教育事业与科技进步紧密相连的发展特点。

现代科学技术的应用为教学模式的发展提供了广阔的空间和丰富的资源。计算机技术、网络技术、多媒体技术等现代科技手段的广泛应用，为教学活动带来了前所未有的变革。这些技术手段不仅可以丰富教学内容、提高教学效果，还可以突破时间和空间的限制，为学生提供更多元化、个性化的学习资源和途径。教育者在教学模式的设计中，充分利用这些现代科技成果，创新教学方法，优化教学过程。

教学模式的现代化趋势还表现在对学生的个性化关注上。现代技术手段的应用使得教育者能够更加精确地了解每个学生的学习情况，根据学生的特点和需求制定更加合理的教学策略。此外，利用大数据分析和人工智能技术，教育者可以实现对学生学习数据的实时追踪和分析，及时调整教学方法，为学生提供更加精准的教育服务。

在教学模式现代化的过程中，教育者也逐渐意识到跨学科知识和技能的重要性。现代社会对人才的需求日益多元化，跨学科的知识体系和综合素质成为人才培养的重要目标。因此，教育者在设计现代化的教学模式时，需要注重培养学生的跨学科能力，打破学科之间的界限，鼓励学生在不同领域中掌握新的知识和技能。

教学模式现代化的发展趋势无疑为教育事业带来了新的契机，但也面临着诸多挑战。教育者需要在应用现代科技手段的过程中，关注教育公平、学生个性化需求和心理情感培养等方面的问题，全面推动教育事业的现代化进程。只有这样，才能为未来社会培养出更具创新精神、综合素质和适应能力的人才，共同推动人类社会的和谐发展。

（五）概括性与操作性的辩证统一

教学模式作为教学活动的一种理论和实践框架，其发展趋势必然要求其能够满足概括性和操作性的辩证统一。这种对统一性的追求，旨在提炼出教学活动的精髓，同时又能够指导教师进行实际的教学操作。

教学模式的概括性是其基本的理论属性，它要求教师能够通过比较简洁明了的语言、文字或图表等方式，反映出教学活动的本质和特征。教学模式的概括性并不意味着忽视教学活动的多样性和复杂性，而是要求教师能够将众多的教学实践提炼和整合，形成一种可以指导教学的理论框架。同时，概括性还要求教师能够根据教学活动的共有特征，对多种教学模式进行分类和归纳，这既有利于教师深入理解教学活动，也有利于教师在实际教学中选择和运用适合的教学模式。

教学模式的操作性是其在实践中的关键属性，它要求教学模式能够为教师提供具体的操作步骤和方法，能够在教学实践中得到有效的应用。教学模式的操作性不仅能够使教师更好地理解和掌握教学理论，也能够使教师能够根据教学模式组织和实施教学活动，提高教学效果。

概括性和操作性并不是相互独立的，而是需要在教学模式的发展过程中实现辩证的统一。一方面，教学模式的概括性需要在实践中得到验证和完善，而这就需要教学模式具有良好的操作性；另一方面，教学模式的操作性也需要有概括性的支撑，只有理论扎实，才能指导教学实践，提高教学效果。因此，教学模式的发展趋势应当是概括性与操作性的辩证统一。

在未来的教学模式研究和应用中，需要重视概括性和操作性的辩证统一，既要深化教学理论研究，提升教学模式的概括性，也要注重教学实践，提高教学模式的操作性。

第三节　高校教学模式的结构、特性及功能

一、高校教学模式的结构

任何事物的结构都是由其主要因素及各因素之间的联系方式构成的，高校教学模式也不例外。高校教学模式作为一种基本结构，是以一种简略、科学的方式对教学活动过程所进行的揭示，所以有必要弄清楚高校教学模式结构的各个因素，为更全面地认识和构建高校教学模式奠定基础。通常来说，教学模式结构主要包括以下五个主要因素，且这些因素之间有着必然联系。

（一）教学理论

教学理论是构建教学模式的基石，为教学模式提供指导思想和基本原理，它是决定教学模式方向性、指导性和独立性的关键因素。教学理论在两个方面发挥着重要作用：一方面，它是教学模式的理论源泉，为教学模式的形成和发展提供理论基础和可追溯的历史轨迹；另一方面，教学理论为教师在应用、实施和操作教学模式时提供理论依据，成为教学活动的指南和坐标，同时确保教学过程遵循教学原理和教学原则。简言之，教学理论为教育工作者提供了对教学现象进行分析、解释和预测的框架，可以帮助教师更好地理解教学过程中的各种要素，以便制定更为有效的教学策略。

（二）教学目标

教学目标是教学模式所规定的预期教学成果和标准，它对教学活动的方向、结构、设计步骤以及教学策略和方法的操作与实施起着制约作用，同时也是评估教学成果的重要依据。确定教学目标时，要关注教学目标与教学内容之间的紧密联系，以便让教师和学生清楚地了解如何通过教学具体内容实现目标。

制定教学目标要注意两个要点：一是要明确规定教学内容的具体、明确

的条目，确保教师和学生都能明确理解所需掌握的内容；二是要进一步明确规定预期达到的具体成果和标准。由此，教师和学生才能更准确地掌握教学内容和教学目标之间的关系，并在规定时间内完成教学内容、达到预设和生成结果的标准。

（三）操作程序

操作程序是实现教学目标的步骤和全过程。对于任何教学模式而言，在完成教学目标的过程中，都需要遵循一定的操作程序和步骤，高校教学模式也不例外。这些程序和步骤不仅体现了教学模式的基本思想，也为教师在具体教学过程中提供了指导和依据。

例如，赫尔巴特教学模式注重知识的传授，其操作程序主要包括四个阶段，分别为明了、联想、系统和方法，这些阶段分别对应教学过程中的知识呈现、知识巩固、知识整合和方法训练等方面。杜威创立的实用主义教学模式则注重引导学生通过实践来掌握知识，其操作过程主要包括五个步骤，分别为情境、问题、假设、推断和验证，这些步骤旨在引导学生从实际问题中提炼知识，并通过动手实践来检验自己的理解。

通常来说，教学模式的操作程序具有相对稳定的特点，其可以在具体的教学过程中得到体现。然而，这并不意味着教学操作程序是固定不变的，实际上，教学过程中的操作程序处于一个动态变化的状态。因此，教师在组织各种教学活动时，应避免让操作程序的稳定性限制教学的活力，这就是所谓的"教学有法而教无定法"。

（四）实现条件

教学模式的实现条件是多方面的，涵盖了教师、学生、教学策略与手段、教学条件和内容等各个方面。这些条件共同构成了教学模式的基础，为教学模式的实施提供了必要的支撑。任何教学模式都是依托于一定条件才能得以存在并实施的，因此，要充分发挥教学模式的价值和作用，就必须在这些条件的基础上进行优化和整合，争取实现最佳的教学效果。

例如，在实施程序教学模式的过程中，离不开将程序化教材作为前提和基础，还需要相关的教学设施作为保障；在实施意义学习教学模式的过程中，需要以具有较强逻辑性的教材为前提和基础，还需要组织者运用恰当的手段和策略对其进行合理的组织和整合。

（五）教学评价

教学评价是教学模式中不可或缺的一个组成部分，它通过设定标准和规范来评估教学任务的完成情况、教学目标的达成程度和教学效果。由于不同的教学模式具有各自的目标、实施程序等特点，教学评价的方法也相应地呈现出差异。

例如，在美国心理学家罗杰斯的非指导性教学模式中，主要强调学生的自我评价，使学生能够主动参与到评估过程中，了解自己的学习进度和不足之处；而在美国教育学家布卢姆的掌握学习模式中，则采用诊断性评价、形成性评价和终结性评价三种形式，特别是重视形成性评价，以便在教学过程中及时发现问题并进行调整。

当前，除了一些已经发展成熟的教学模式具备相对可靠和标准化的评价方法，其余许多教学模式仍然处于探索阶段，尚未形成独特的评价标准和手段。不过，随着教育实践的不断发展和教学模式的创新，教学评价也将不断完善和优化，以更好地服务于教学活动，确保教学质量和效果。

从以上五个要素来看，它们在教学模式中各自扮演着不同的角色，各自具有不同的功能和价值。这些要素相互联系并融合，共同构成了教学模式的结构。具体而言，教学理论作为教学模式的基石，为模式提供了思想和理论基础，在整个结构中，教学理论对其他要素具有导向和决定性作用；教学目标则是教学模式的核心，它对其他要素产生引导和约束作用，成为推动其他要素发挥作用的关键因素，特别是在教学评价和教学目标设定方面，教学目标起到了决定性的作用；操作程序是实施教学模式的关键环节和步骤，它体现了教学模式在实际应用中的流程和结构；教学实现条件为教学模式的有效实施提供必要的保障，确保教学模式能够充分发挥其价值和作用；教学评价作为教学模式的重要组成部分，为教育工作者提供了一个相对客观的评估依据，帮助教育工作者更准确地了解教学活动的实际状况，从而有针对性地改进和完善教学模式，以更好地实现教学目标。通常来说，所有教学模式都包含这些基本要素，但受到它们的内容、功能和性质等方面的差异影响，教学模式呈现出各种不同的形式。

综上所述，高校教学模式的五个要素在结构中各自扮演着独特的角色，彼此相互关联和协同作用，共同构建了一个完整的高校教学模式。理解这些要素之间的关系及其在教学模式中的地位和作用，有助于教育工作者更好地认识与把握教学模式，从而构建出切实可行的高校教学模式。

二、高校教学模式的特性

（一）结构性

教学模式的结构性特性是教学过程中各要素之间相互关联和组织的表现形式。为了更好地理解教学模式的结构性特性，可以从广义和狭义两个角度来加以分析。

从广义角度看，教学模式的结构性特性主要体现在教材、教师、学生等基本要素之间的组合方式及相互关系上。这些要素相互依存，共同构建了教学过程的整体框架。在这个框架中，教材是知识体系的载体，教师是知识的传授者和引导者，学生则是知识的接受者和创新者。这三者之间的相互作用和关系，决定了教学过程的质量和效果。

从狭义角度看，教学模式的结构性特性主要体现在特定教学目标下的组织形式。每种教学模式都有其应用范围，需要在特定的外部条件下才能发挥作用。因此，在实际教学过程中，教师需要根据教学目标、课程特性和学生特点来选择合适的教学模式。

评价一个教学模式的好坏，关键在于在特定情况下是否能达到预期的教学目标。为了实现这一目标，教师在实际教学中需要关注教学模式的适应性，在充分考虑课程特性的基础上进行选择。

（二）操作性

教学模式的操作性特性指的是将教学理论转化为实际操作过程中的关键步骤，使教育工作者能够更为简便、明确地理解和运用教学方法。这种特性有助于提高教学质量，使教师在授课过程中有章可循、有规可依，对于提高教学质量、培养具有创新精神和实践能力的人才具有重要意义。

教学模式的操作性使得教学过程具体化。通过对教学理论的提炼，教育工作者可以将抽象的理论知识转化为具体的教学行为和措施，这种具体化有助于教师更好地把握教学过程，提高教学效果。

教学模式的操作性为教师提供了明确的行为指导。通过明确的操作步骤和要求，教师可以根据教学目标和学生特点制定合适的教学策略，从而更好地满足学生的需求，提高教学质量。

教学模式的操作性使得教学过程具有一定的标准性。通过对教学行为的规范和规定，教师可以在授课过程中保持一致性，确保教学目标的实现。同时，这种标准性有助于教育工作者之间的交流与合作，促进教学经验的积累和传承。

教学模式的操作性有利于教育工作者对教学过程的反思和改进。通过对教学行为的具体化，教师可以更容易地发现教学中存在的问题，从而及时调整教学方法，以提高教学效果。

（三）完整性

教学模式的完整性特性是指将教学理论构想与实际操作相结合，形成一个统一、有序的教学过程。它体现了教学模式在理论和实践中的协调性，确保教学过程有始有终、富有逻辑性。

教学模式的完整性强调理论与实践的相互补充。一个好的教学模式需要在理论上自圆其说，同时能够指导实际教学操作。通过对教学理论和实践的相互协调，教育工作者能够更好地理解和应用教学方法，从而提高教学效果。

教学模式的完整性体现在教学过程的有序性上。一个完整的教学模式需要包括教学目标的制定、教学内容的安排、教学方法的选择、教学评价等方面，这些环节相互关联，共同构成一个完整的教学过程。通过对这些环节的有序组织，教师能够确保教学过程的连贯性和有效性。

教学模式的完整性关注教学过程的逻辑性，一个完整的教学模式需要在教学过程中明确各个环节的逻辑关系，使教学活动具有内在的合理性。通过对教学过程的逻辑分析，教师可以更好地把握教学重点，使教学更具针对性和实效性。

教学模式的完整性有助于教育工作者对教学过程的反思和改进。通过分析教学模式的完整性，教师可以发现教学过程中存在的不足和问题，从而及时调整教学方法，提高教学质量。

（四）稳定性

教学模式的稳定性特性是指教学模式在一定程度上揭示了教学活动中具有普遍规律的理论概括和实践总结。这种稳定性特性使得教学模式在不同科目的教学中具有广泛的参考价值。教学模式的稳定性特性主要体现在以下几方面。

普遍性：教学模式作为大量教学实践活动的总结，揭示了教学过程中的普遍规律，使得教学模式在各个科目的教学中具有普遍的参考作用。这种普遍性有助于教育工作者在不同学科的教学过程中借鉴和应用成功的教学模式，提高教学效果。

相对性：教学模式是基于一定的教学理论提出的，往往与特定历史时期的社会政治、经济、文化、科学和教育水平相联系，受制于当时的教育方针和教育目标。因此，这种稳定性是相对的，随着社会发展和教育改革的推进，教学模式可能会发生变化，需要教育工作者不断适应和更新。

跨学科性：教学模式一般不涉及具体的学科内容，它具有相对的稳定性，能够在不同学科之间进行有效的迁移和应用。这种跨学科性有助于教育工作者在各个学科间取长补短，提升教学质量。

（五）灵活性

教学模式的灵活性特性是指在教学过程中针对特定教学内容、课程特性、教学条件和师生具体情况进行适当调整，以实现教学目标的最佳效果。这种特性体现了教学模式在实际应用中的自适应性和可调整性。

在实际教学过程中，教师需要根据课程的特殊性、教学内容和当前教学条件来选择合适的教学方法，以确保教学过程的有效性。通过对教学方法的适应性调整，教师可以更好地满足学生的需求，提高教学质量。

在运用教学模式时，教师应充分考虑学生的学习基础、学习兴趣和学习特点，以及教师自身的教育理念和教学风格。这样的灵活性有助于激发学生的学习兴趣，提高教学效果。

不同学科具有各自的特点，因此在运用教学模式时需要根据学科特点进行适当调整。这种自适应性和可调整性有助于教育工作者在不同学科间取长补短，提升教学质量。

（六）预见性

教学模式的预见性特性是指基于特定教学理论，以教学目标为导向，通过整合教学策略、方法和手段的优势，预测和提升教学效果的特性，这种特性体现了教学模式在设计和实施过程中的前瞻性和导向性。教学模式的预见性体现在以下几方面。

以教学目标为导向的设计：在设计教学模式时，教师需要明确教学目标，以此为指导，选择和整合适合的教学策略、方法和手段。这种以教学目标为导向的设计有助于确保教学活动的针对性和有效性，同时也能预见可能出现的问题和挑战。

整体优势的发挥：教学模式不是单一的教学策略、方法或手段，而是这些元素的有机组合。通过整合这些元素，教学模式能够发挥出整体优势，实现教学目标，同时也能预见程序与结果的互动关系。

对教学效果的预测：根据特定的教学理论，教师可以通过教学模式预测可能的教学效果，从而在教学过程中及时调整教学策略和方法，以达到最佳教学效果。

（七）简约直观性

教学模式的简约直观性特性指的是通过简洁的语言、符号、图表以及直观的程序、阶段和步骤来描述和表征抽象的教学理论，使之转化为易于理解、掌握和实践的操作框架和策略方法。这种特性体现了教学模式在理论与实践相结合方面的优势。教学模式的简约直观性特性主要体现在以下几方面。

简洁明了的表达：通过简化抽象理论，教学模式将复杂的教学理念和过程变得简单明了，便于教育工作者迅速理解和掌握。这种简洁明了的表达有助于提高教育工作者的工作效率，提升教学质量。

形象生动的呈现：通过直观的程序、阶段和步骤来展示教学理论，教学模式使抽象的教学理念变得形象生动，易于理解。这种形象生动的呈现有助于激发教育工作者的教学兴趣和创新精神。

实践操作的便捷性：通过将抽象理论转化为具体的操作框架和策略方法，教学模式使教育工作者能够更加轻松、直观地掌握实践操作的过程。这种便捷性有助于教育工作者将理论知识与实际操作相结合，提高教学效果。

（八）指向性

高校教学模式的指向性主要体现在教学活动中教师针对特定情境、教学目标和学生需求选择恰当的教学模式。在高等教育中，不存在一种适用于所有教学场景的最佳教学模式，而是需要根据具体情况灵活运用和调整。

教师需要充分了解不同教学模式的特点和优势，以便在特定教学情境下选择最适合的模式，包括了解教学模式的理论基础、教学目标、教学过程和评价方法等方面的内容。

教师应关注学生的个性差异和需求，根据学生的学科背景、学习风格和兴趣等因素，选择能够最大程度激发学生主动性和兴趣的教学模式，这有助于增强学生的学习动力，从而提高教学效果。

教师要关注教学环境的变化，时刻保持敏感和适应性，随时调整教学模式以适应教学需求。例如，随着科技的发展，许多新的教学技术和工具不断涌现，教师需要更新自己的教学方法，将这些新的技术和工具纳入教学模式中，以提高教学质量。

三、高校教学模式的功能

（一）中介功能

高校教学模式的中介作用体现在其为教师和学生之间建立起有效的桥梁，使教学理论与实践活动之间形成紧密的联系。这种中介作用主要表现在以下几个方面。

教学模式将教学理论与实际教学活动相结合。教学模式是教学理论在实际教学中的具体体现，它将抽象的教学理念转化为具体可操作的教学策略和方法。通过运用不同的教学模式，教师能够更好地将教学理论应用到教学实践中，从而有效地提高教学质量。

教学模式有助于梳理和整合教学活动的复杂性。教学活动具有多样性和复杂性，教学模式为教师提供了一种系统化的方法来处理教学活动中的各种因素及其相互关系。通过采用适当的教学模式，教师能够更加清晰地把握教学过程中的整体脉络，从而提高教学效果。

教学模式在教师与学生之间起到沟通的作用。教学模式作为一种教学方法，为教师和学生之间的交流提供了便利。通过运用教学模式，教师能够更好地理解学生的需求，同时学生也能更好地理解教师的教学目标和要求。这种互动和沟通有助于提高教学活动的有效性。

（二）简化功能

高校教学模式的简化功能主要体现在将复杂的教学活动和理论转化为易于理解和操作的教学过程，这一功能有助于教师更有效地进行教学实践，提高教学质量。

一方面，教学模式可以将抽象的教学理论转化为具体可操作的方法。教学理论通常包含许多复杂的概念、原则和观点，这些理论内容可能涉及诸多学科领域。对于教师来说，若要直接将这些理论应用于教学实践，难免会感到困惑和无从下手。而教学模式正是在这种情况下发挥作用，它能将复杂的教学理论以更为简单明了的方式表达出来，从而使教师能够更容易地理解和应用这些理论。教学模式通过将教学理论分解为易于理解和执行的教学策略和方法，为教师提供了一个清晰的教学路径。这使教师能够在实际教学中更有针对性地选择适当的教学方法，从而更好地实现教学目标。简化后的教学模式能使教师在面对不同类型的学生、不同学科领域和不同教学目标时，更加迅速地作出决策和调整。

另一方面，教学模式还能帮助教师更有效地组织和管理教学过程。在教学活动中，教师需要考虑许多元素，如教学目标、教学内容、教学方法、学生特点等。教学模式将这些元素进行整合，为教师提供了一种有条理的教学组织方式。这不仅能让教师更有信心地进行教学活动，还能确保学生在一个清晰、有序的教学环境中学习，从而提高教学质量。同时，通过学习和实践不同的教学模式，教师能够更深入地理解教学理论，梳理和整合教学活动的复杂性，将理论与实践相结合，使教学活动更加贴近学生的需求和特点。由此，教师便能更好地激发学生的学习兴趣，提高学生的学习效果。

（三）调节功能

通过高校教学模式的调节功能，教师可以根据教学模式及时调整教学策略，更好地适应教学活动的变化，同时关注并满足学生的个性化需求。由此，教师便能在教学过程中更好地实现教学目标，提高教学质量和效果，培养出更多优秀人才。高校教学模式的调节功能主要体现在两个方面：一是教学过程中的调整，二是学生需求的满足。

在教学过程中的调整方面，教学模式能够帮助教师灵活地调整教学方法和策略，以适应教学活动的不同阶段和环节。在教学过程中，教师可能会遇到各种挑战，如学生对教学内容的理解和掌握程度不同、学生的学习兴趣和积极性不高等。通过运用合适的教学模式，教师可以及时发现和解决这些问题，调整教学计划、方法和策略，以适应学生的需求和教学目标。这样，教师不仅能够更好地实现教学目标，还能提高教学质量和效果。

在满足学生需求方面，教学模式可以帮助教师更好地关注和满足学生的个性化需求。在高校教学中，学生的背景、兴趣、学习能力和需求可能存在很大差异。教师需要采取有针对性的教学方法和策略，以满足不同学生的需求。通过运用合适的教学模式，教师可以更好地关注学生的个性化需求，调整教学内容和方法，使教学更加符合学生的特点和需求。这样，学生能够在一个充满关爱和支持的环境中学习，更容易实现自己的学习目标。

（四）预测功能

通过运用教学模式，教师可以更好地实现教学目标、预测学生的学习效果以及优化教学策略，进而不断提高教学质量和效果，为学生提供更加优质的教育资源，帮助学生实现自己的学习目标。高校教学模式的预测功能主要体现在三个方面，即教学目标的实现、学生学习效果的预测以及教学策略的优化。

在教学目标的实现方面，教学模式可以帮助教师更加明确地设定和预测教学目标的实现程度。通过对教学活动进行系统化的分析和规划，教师可以根据教学模式对教学目标进行合理的预期，从而使教学过程更加有针对性。这样，教师在教学过程中可以更好地关注教学目标的实现，调整教学策略以提高教学效果，从而更好地实现教学目标。

在学生学习效果的预测方面，教学模式可以帮助教师更准确地预测学生的学习效果和发展趋势。通过运用合适的教学模式，教师可以根据学生的学习背景、兴趣和能力，预测学生在特定教学环境下的学习表现。由此一来，教师可以更好地关注学生的学习进展，采取适当的教学策略以提高学生的学习效果，从而帮助学生实现自己的学习目标。

在教学策略的优化方面，教学模式可以帮助教师更有效地优化教学策略，以提高教学效果。通过对教学模式的分析和运用，教师可以发现教学过程中存在的问题和不足，从而调整教学策略以提高教学质量。同时，教师还可以根据教学模式对教学过程进行反思和总结，以便在未来的教学活动中更好地运用教学模式，提高教学效果。

第二章　学科核心素养导向下
教学模式的创新

第一节　学科核心素养及其意义

一、学科核心素养的内涵

学科核心素养作为核心素养的载体和体现，是学生在特定学科或某一领域的知识学习过程中逐步形成的正确价值观、必备品格和关键能力，是课程育人价值的集中体现。要正确认识学科核心素养，首先要弄清楚其内涵。

（一）学科核心素养的培养是学科教育的本质

在现代社会，学科分工的精细化使得各个学科产生了独特的知识形态、活动形态与组织形态，这就要求学科教育也应该具有对应的特性。学科教育的本质不仅仅是传授知识，更重要的是培养学生的核心素养，即让学生具备独立探索和解决问题的能力，同时也能够将学科知识与现实生活相结合。在这个过程中，学科核心素养的培养显得尤为关键。学科核心素养的提出，旨在打破学科之间彼此孤立的思维方式，让学科基础教育立足现实、服务未来，成为个体发展和社会发展之间的纽带。

在过去的教育实践中，不难发现，以"学科"和"基础教育"的融合为主导的教育方式，常常使得学生的学习成为孤立的存在，与现实社会之间的联系十分薄弱，甚至有时会到了脱节的地步。这样的教育方式忽视了学科教育的本质——培养学生的核心素养。学科核心素养是一种学生在学科学习过程中所形成的，关于学科知识、技能、情感态度、价值观和方法的整体性素养，它反映了学科教育的深层目标和价值追求，体现了学科教育的独特育人价值和社会诉求。

由此可见，学科核心素养的培养不仅符合学科教育的本质，更是学科教育的重要使命。它强调的是学科之间的互动与整合，而不是孤立与割裂。学科之间的互动，使得学生能够在学习过程中建立起宽广的视野和深厚的知识基础，从而具备解决现实问题的能力；学科之间的整合，使得学生能够将各学科的知识融会贯通，形成自己的思考方式和解决问题的方法。学科核心素养的培养，使得学科教育真正立足现实、服务未来，成为个体发展和社会发展之间的纽带，兼具基础性和发展性的特点，展示出了学科教育独特的育人价值和社会诉求。学科核心素养的培养不仅有助于提升学生的学科素养，而且有助于培养学生的创新思维和实践能力，从而使学生在未来的社会和职业生活中具有更强的竞争力和适应力。

另外，学科核心素养的培养可以形成一个富有活力的学习社群，学生在这个学习社群中可以在学科间进行跨界探索，拓宽自己的知识面，学会在不同学科之间进行知识迁移和整合。这种学习方式有助于培养学生的跨学科思维能力和提高学生的综合素质，为他们的个人成长和社会发展奠定坚实基础。

（二）学科核心素养包含丰富的结构系统

学科核心素养是一个丰富且多层次的结构系统，它不仅包含了学科基础知识和技能，还涵盖了情感、态度、价值观等方面，体现了学科赋予个体终身学习和全面发展的基本素质。这一结构系统既具有层次性，又体现了各要素间的紧密联系和相互依存。从社会发展和学生个人发展角度看，学科核心素养结构系统如下图 2-1 所示。

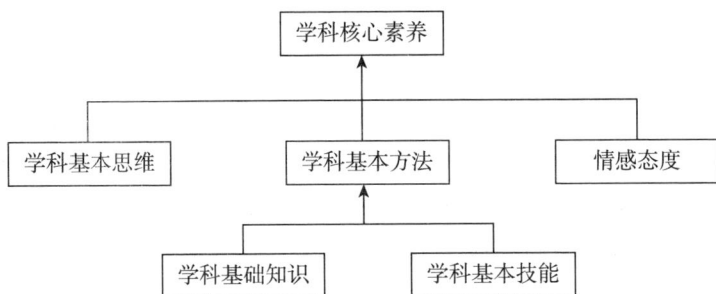

图 2-1　学科核心素养结构系统

在学科核心素养的底层，学科基础知识和学科基本技能是"双基指向"，为学生提供了扎实的学科基础。这些知识和技能使学生能够理解和掌握学科的基本概念、原理和方法，为进一步发展和拓展知识领域奠定基础。中间层则整合了"三维目标"中的"情感态度"，同时融入学科基本思维和学科基本方法。情感态度是学生在学习过程中培养出的对学科的兴趣、热爱和敬畏，这些情感因素对学生的学习积极性和持续发展至关重要。而学科基本思维和学科基本方法则是学生在学科学习中形成的一种解决问题和创新的能力，有助于提高学生的分析、综合、判断和创新能力。

整个学科核心素养结构系统既体现了各要素的独立性，又强调了它们之间的相互关联和协调发展。在这个系统中，知识、能力、情感、价值等要素相互依存，共同构成了一个完整的、有机的学科核心素养体系。这种体系既有助于培养学生的学科素养，也有助于提升学生的综合素质，为他们的个人发展和社会发展奠定坚实基础。

值得强调的是，学科核心素养体系具有以下特点：第一，体系中的学科基础知识和学科基本技能是在"知识构建"教学观引导下形成的，它们来自生活，最终要回归生活。这些要素是学生学习和发展的基石，能够帮助学生建立对学科的基本理解，为进一步的学习和实践打下坚实基础。第二，在学科核心素养结构系统中，"情感态度"具有丰富的内涵，不仅包括动机、态度、策略等普遍性因素，还涉及学科特有的归属感、价值观和学科观念等人格品质。这些因素共同决定了学生对学科的态度和兴趣，对学生的学习积极性和持续发展具有重要意义。第三，学科核心素养体系中各要素之间是相互联系、有机互动的，共同构成了学习者的完整学习体验，其中任何一个要素的变化和发展都会影响其他要素，如知识的积累和应用可以促进能力的提升，而知识与能力的结合，有助于培养学科基本思维和学科基本方法。这种相互影响和互动关系使得学科核心素养体系更加稳定和有机。第四，学科核心素养的培养旨在使学生在特定学科领域具有可迁移的必备能力和关键品格。这些能力和品格使得学生在学科学习过程中具备更高的适应性和创新能力，为其未来的个人发展和社会贡献奠定基础。

二、学科核心素养的培养过程

（一）基础阶段

在学科核心素养培养的基础阶段，学生通过接触学科基础知识和技能，开始建立对学科的初步认识和理解。这个阶段对学生的学科发展具有至关重要的意义，因为它为学生奠定了坚实的基础，为之后的学科发展提供了必要条件。

在这个阶段，教师的主要任务在于激发学生的兴趣和动机，帮助他们建立对学科内容的认知。为了实现这一目标，教师需要以生活为基础，将知识点与实际情境相结合，使学生能够从现实生活中找到学科知识的应用价值。

通过生动、有趣的实例和故事，教师可以帮助学生理解学科知识与生活的密切关联，从而激发他们的学习兴趣。同时，教师还需要关注学生的个体差异，针对不同学生的兴趣和需求，采用灵活多样的教学方法，以保证每个学生都能够充分参与到学科学习中。

除了激发学生兴趣外，教师还需要引导学生建立正确的学科观念，使他们明白学科知识不仅仅是一种工具，更是一种价值观、思维方式和生活态度。通过引导学生关注学科知识背后的深层含义，教师可以帮助他们形成对学科的深刻理解和正确评价，为其今后的学科学习和发展打下良好基础。

在基础阶段，教师还应重视学生学习技能的培养。学科基本技能是学生在学习过程中必不可少的工具，如阅读、写作、计算、实验等基本技能。教师需要设计合适的学习活动，让学生在实践中逐步掌握这些技能。通过不断地训练和实践，学生能够形成扎实的学科技能基础，为之后的学科发展提供支持。

（二）发展阶段

在学科核心素养培养的发展阶段，学生需要在掌握基础知识和技能的基础上，开始发展更深入的理解和分析能力。这个阶段是学生学科发展的关键时期，因为学生的学习会从基本的知识和技能层面提升到对学科的深层次理解和应用层面。

在发展阶段，教师的主要任务是设计富有挑战性的学习任务，促进学生在学科基本思维和方法方面的发展。为此，教师需要关注学生在基础阶段所取得的知识和技能，鼓励学生将所学应用到更复杂、更高层次的问题解决中。通过设计多样化、跨学科的学习任务，教师可以帮助学生发现不同学科之间的联系，激发他们的创新思维和提高他们解决问题的能力。

在这一阶段，教师还应注重培养学生的自主学习和合作学习能力。自主学习能力是指学生在学习过程中能够独立地调整策略、寻求资源和反思成果的能力。教师可以通过引导学生明确学习目标、制订学习计划和总结学习经验，帮助他们形成良好的自主学习习惯。除此之外，合作学习能力对学生的学科发展同样重要。通过小组合作、讨论和项目式学习等方式，教师可以培养学生与他人沟通、交流和协作的能力，同时促进他们对学科知识的深入理解。

（三）情感态度培养阶段

在学科核心素养培养的情感态度培养阶段，教师需要关注学生的情感态度，通过引导和激发学生的兴趣，培养学生对学科的热爱和归属感。这个阶段，教师的任务并不只是传授知识，更重要的是激发学生的情感投入，使他们对学科产生热爱和归属感。

情感态度培养的重要性在于为学生持续学习提供强大的动力源泉，如果学生对学科有浓厚兴趣，他们更可能、更愿意投入时间和精力去主动学习，探索和深化对学科的理解。为了进一步强化学生的兴趣，教师可以通过设计有趣的学习活动，引入生活化的例子，使学科知识变得生动有趣。此外，教师还可以引导学生从多角度和全局视角去看待学科知识，从而帮助他们理解学科知识的重要性和应用价值，进一步增强他们对学科的兴趣和热爱。

在这个阶段，教师还需要重视学生的价值观、学科观念等人格品质的培养。教师可以通过与学生的对话和互动，引导他们形成积极的学习态度，理解并养成良好的学习习惯。通过教师的引导和示范，学生可以理解学习的价值，学会尊重知识，尊重他人，形成良好的学习态度和行为习惯。

在情感态度培养阶段，教师要着重关注学生的情感体验，以及他们在学习过程中可能面临的情绪困扰，可以通过开展情绪教育活动，帮助学生学会认识和管理自己的情绪，建立积极的情绪态度。通过关注学生的情绪状态，教师可以及时发现并帮助学生解决学习过程中可能遇到的心理问题，为他们提供心理支持，帮助他们在学习过程中保持良好的心理状态。

（四）综合应用阶段

在学科核心素养培养的综合应用阶段，学生需要将所学知识、技能和态度应用于实际情境中，解决问题并展现自己的创新能力。这个阶段不仅是对前面阶段学习成果的检验，也是培养学生综合素质的关键时期。

在综合应用阶段，教师应提供跨学科的项目和任务，引导学生进行知识整合、迁移和创新。跨学科的项目和任务可以帮助学生理解不同学科之间的相互联系，从而激发他们的创新思维和提高他们解决问题的能力。教师可以设计实际生活中的问题或情境作为教学内容，让学生将所学知识和技能应用于实际问题的解决过程中，从而加深对学科知识的理解和掌握。

在这个阶段，教师还需要关注学生的自主学习和合作学习能力。通过组织小组合作、讨论和项目式学习等活动，教师可以培养学生与他人沟通、交流和协作的能力，同时促进他们对学科知识的深入理解和应用。教师还可以鼓励学生在学习过程中主动寻找和利用资源，培养他们的自主学习能力。

（五）反思与评价阶段

在学科核心素养培养的反思与评价阶段，教师需要关注学生的学习进步和成果，对学生的学科核心素养进行有效评价。与此同时，学生也应进行自我反思，调整学习策略，以实现持续的学习发展。

在反思与评价阶段，教师应采用多元化的评价方式，如观察、问卷调查、学习笔记、作品展示、测试等，以全面了解学生的学习情况。通过这些评价方式，教师可以了解学生在知识、能力、情感态度等方面的发展情况，从而为后续教学提供依据。在进行评价时，教师应注重学生的个体差异，给予每个学生充分的关注和支持，帮助他们找到自己的优势和提升空间。此外，教师还应鼓励学生进行自我评价和反思，帮助学生了解自己的优缺点，明确学习目标，从而调整学习策略。教师可以指导学生进行自我评价，如设立学习目标、记录学习过程、分析学习成果等，引导学生不断调整学习方法，提高学习效果。

在反思与评价阶段，教师还需要与学生进行有效的沟通，给予学生充分的反馈，帮助他们了解自己的学习情况，发现问题，并提出改进建议。同时，教师也应倾听学生的意见和建议，及时调整教学方法，以满足学生的学习需求。通过开展有效的沟通，教师和学生可以共同促进学科核心素养的培养。

教师还可以与家长、同行等其他利益相关者建立合作关系，共同关注学生的学科核心素养发展。通过家校合作，教师可以了解学生在家庭和社会环境中的学习状况，为学生提供更为全面的支持。与同行合作则有助于教师不断更新教育理念，提升教育教学能力，从而更好地指导学生的学习。

三、培养学科核心素养的意义

学科核心素养是一种具有学科特质而又具备跨学科特点的能力和品格，实际上是核心素养在特定学科的具体化、详细化，是学生学习一门学科之后潜移默化形成的具有学科特点的成就，主要包括关键能力、必备品格等，集中反映了学科育人价值。因此，培养学科核心素养具有十分重要的意义，如图 2-2 所示。

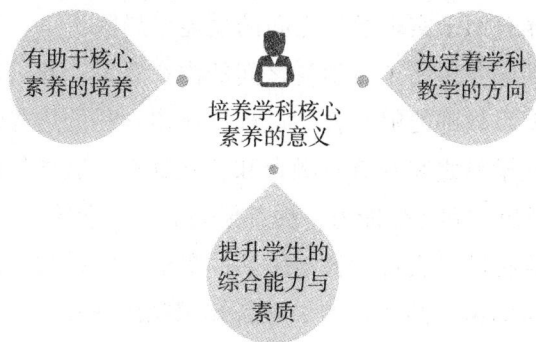

图 2-2 培养学科核心素养的意义

（一）有助于核心素养的培养

学科核心素养在教育领域有着举足轻重的地位，它是实现核心素养培养目标的关键所在。学科核心素养的培养，不仅关系到学生的综合能力提升，更是关乎学生未来成长和发展的重要因素，能够为培养具备全面发展的优秀人才打下坚实的基础。

一方面，学科核心素养的培养有助于将核心素养具体化。核心素养是学生在学习过程中所需具备的一系列关键能力和品格，而学科核心素养是在特定学科领域内实现这一目标的具体途径。学科核心素养的培养能够帮助学生将抽象的核心素养目标具体化为在各个学科领域内的实际行动。这意味着学生在掌握学科知识的同时，也能够培养出一系列关键能力和品格，进而在更高层次上实现核心素养的培养。在这个过程中，学生不仅需要在知识和技能上不断提高，还需关注自身品格的塑造和心灵的成长。通过学科核心素养的培养，学生能够全面地发展自己的潜能和才华。

另一方面，学科核心素养的培养有助于将核心素养融入学科教学。学科教学是学校教育的基石，所有教育改革的理念和目标都需要在学科层面得到体现。学科核心素养的培养，使得教育改革的目标能够在学科教学中得到具体落实，让学生在学科学习过程中自然地发展和提升自己的核心素养。

（二）决定着学科教学的方向

学科核心素养作为核心素养在学科教学中的具体体现，对于指导学科教学具有极为关键的作用，不仅是教师进行学科教学的依据，而且引导着学科教学发展的方向。

学科核心素养有助于实现学科之间的贯通。局限于单一学科知识体系的学科教育存在着缺陷，忽略了各学科之间的内在联系。通过对学科核心素养的深入研究和掌握，教师能够在教学过程中跳出学科的边界，整合多学科的知识和方法，实现学科之间的有机融合和相互补充。这样的教学模式有助于培养学生的跨学科思维和协作能力，提升他们的综合素质。

学科核心素养有助于实现学科与生活的贯通。学科教育的根本目的在于培养学生解决现实问题的能力，如果学科知识脱离现实生活，将难以使学生将所学知识应用于实际。学科核心素养的培养要求教师在教学过程中强调学科知识与现实生活的联系，使学生在掌握学科知识的同时，提高运用知识解决实际问题的能力。这有助于培养学生的实践能力和创新精神。

学科核心素养有助于实现学科与活动的贯通。在学科教学过程中，教师需要关注学生的主体性发展，充分调动他们的积极性和创造性。学科核心素养的培养要求教师将学科知识与实践活动相结合，通过各种形式的教学活动，如项目式学习、课题研究等，引导学生主动参与，使他们在实践中发现问题、解决问题，从而加深对学科知识的理解，培养他们的问题意识和解决问题的能力。

学科核心素养有助于实现学科与大教育的贯通。学科核心素养强调教育的全人发展，要求学科教育不仅关注学生的知识掌握，更注重他们的能力培养、品格塑造和心灵成长。在教学过程中，教师需要将学科知识与大教育相结合，关注学生的情感、意志、品德等多方面的发展，使学科教育真正回归到服从和服务于人的发展的轨道上来。

（三）提升学生的综合能力与素质

学科核心素养培养是现代教育体系中一个关键的环节，强调在学科教学中关注学生的全面发展，从而提升他们的综合能力与素质。

1.培养学生的批判性思维能力

学科核心素养培养注重培养学生独立思考和分析问题的能力，通过引导学生从不同角度审视问题，培养他们质疑和挑战传统观点的勇气，有利于提升他们的批判性思维能力。

2.培养学生的团队协作能力

学科核心素养培养强调在教学中加强学生之间的交流与合作，通过项目式学习、课题研究等形式，让学生学会在团队中发挥自己的优势，有效地解决问题，从而提高他们的团队协作能力。

3. 培养学生的自主学习能力

学科核心素养培养强调培养学生自主学习的能力，通过设定明确的学习目标、设计合适的学习任务，引导学生根据自身需求制订学习计划，培养他们寻找信息、分析问题、解决问题的能力，从而提高他们的自主学习能力。

4. 培养学生的创新精神

学科核心素养培养强调培养学生的创新精神。教师应鼓励学生敢于挑战权威，勇于突破传统框架，创造性地解决问题，以激发学生的创新思维，使其形成独立思考的习惯。

5. 提升学生的自我认知能力

学科核心素养培养有助于提升学生的自我认知能力，通过引导学生反思自己在学科学习过程中的优势与不足，使学生更好地认识自己，明确自己的发展方向和目标，为个性化发展奠定基础。

6. 培养学生的适应能力

学科核心素养培养注重培养学生适应不断变化的社会环境的能力，通过提高学生跨学科的知识整合能力，增强他们在复杂问题面前的应变能力，有助于培养他们面对未来挑战的自信和勇气。

第二节　学科核心素养的养成与培养

一、学科核心素养的养成前提

学科核心素养是我国新课程标准提出的一个新概念，是新课程标准的灵魂，对学科课程知识的筛选、课程内容的组织、教学角度的确定、课程容量规划、课程实施以及作业标准的制定起着统领作用。因此，基于学科核心素养的视角，课程设计应以培养核心素养为导向，将核心素养融入各个学科课程中，从而实现学生核心素养的全面发展。

学科核心素养是学科的思维品质和关键能力，是核心素养在学科教材、教学、评价等载体、内容、过程中的具体呈现与融会贯通。为了培养学生的学科核心素养，教育工作者需要在学科教育中明确并把握好相关前提，确保学生能够通过学科学习全面提升自己的核心素养。

（一）明确学科核心素养的载体

学科核心素养的养成并非空中楼阁，而是学生在学习特定学科的过程中循序渐进形成的。因此，学科知识与学科活动共同构成了学科核心素养的两翼。其中，前者是学科核心素养形成的主要载体，后者是学科核心素养形成的主要途径。为了使学科知识从真正意义上成为学科核心素养的载体，需要深入理解学科大概念，并准确把握学科结构。

1. 理解学科大概念

学科大概念指的是对学科本质及特殊性有反映作用的构成学科框架的概念，这一概念具有较强的普适性，是一种高度形式化、兼具认识论和方法论意义的概念。大概念并不是一个词语那么简单，其背后潜藏着具有重要意义的世界，其内涵和外延都是普通概念所不具备的，是学科思想、理论和体系的载体。要正确、深入理解学科大概念，可以从以下两方面入手。

从学科知识关系的角度来看，大概念有着较强的解释力、抽象性、包容性等特征，占据着学科知识金字塔的顶尖位置。如果将学科知识体系比喻成一个完整的细胞，那么大概念就是细胞核，蕴含着遗传密码，具有较强的再生力、生发力、预示力，是一种有较强繁殖性、活性的知识类型，是其他知识得以依附和生发的主根。如果将学科知识看成"内核＋围绕带"的结构，那么大概念势必处于中心圈层位置，其他知识则按照与大概念之间存在的逻辑关系，有序地排列在大概念的外围，从而呈现出"众星捧月"式的结构。在所形成的结构当中，其他知识也发挥着重要作用，是核心知识的生存背景和着生土壤，是学生认识、理解、内化核心知识的敲门砖、助跑器。

从学生学习的角度来看，大概念是一种学科思维方式和学科思想方法，实际上是学生认识世界的"心态""眼光""尺度"。大概念可以被形象地比喻为一个"纲"，是主要部分、主要环节。大概念就如同一条线，将知识联系到一起。大概念在学生学习过程中发挥着关键作用，它是整个学科学习活动的核心支点，赋予学习活动以整体性。只有真正掌握了大概念，才能帮助学生更好地理解学科知识体系，进而高效地进行学习。因此，在教学过程中，教师需要引导学生重视大概念的学习，使其成为学科学习的核心和灵魂，从而提高学生的学习质量和效果。

总而言之，大概念是学科知识的精髓，这类知识具有较高价值，且较为容易转化为素养，是理解学科核心素养的关键前提。只有深入领悟大概念，才能在选择教学内容的过程中遵循"少而精"的原则，从对学生"精细化"学习有帮助的角度出发，促使学生更好地消化和吸收知识，进而在促进知识向素养转化的过程中，缓解学生的学业压力，使学生学科核心素养得以养成与发展。

2.把握学科结构

学科知识是一个有结构的有机体，并不是简单地将各个学科知识排列、堆积在一起。学科之所以叫作"学科"，主要原因就在于它并不是简单的概念，也不是将知识要点堆砌到一起，而是有与众不同的结构，学科知识之间有着密不可分的内在联系。学生只有真正掌握了学科的关系与结构，才可以从整体上对学科及学科知识进行有效把握。因此，学科核心素养的养成，必须把握学科结构。

学科结构，简而言之，是指学科知识之间的关系，表现为组织形式和构成秩序。它代表着学科知识的有机整体。众所周知，知识之间存在客观的内在联系，这种联系既体现在科学知识本身的逻辑关系上，也体现在人类认识科学知识的过程中。只有采用有利于学生学习的知识结构，才能提高学生的学习效率，从而有助于学生掌握学科核心知识，提升核心能力，塑造学科核心素养。在理解学科结构时，可以从静态和动态两个角度来分析。

从静态角度来看，学科知识之间形成了一个相互关联、交织的网络结构，这有助于学生在头脑中将知识有序地组织起来。这种结构类似于思维导图，帮助学生将知识点连接成线，再将线连接成面，形成一个立体的整体知识结构网络。这样的结构有利于学生记忆和理解，使学习过程更为轻松。学科结构知识点之间的层次性、逻辑性和相互关联性，有助于学生建立知识体系，形成对学科知识的整体把握。

从动态角度来看，学科知识结构是一个具有强烈自我再生能力的开放系统，展示了学科知识结构的独特性，揭示了其与科学知识结构之间的特有功能。学科知识并非孤立的，而是在不断发展和变化中形成的。动态结构强调知识演变的脉络，让学生了解学科知识的发展历程，掌握知识演变的规律，从而使学生在学习过程中能够不断调整和优化自己的知识结构，适应学科知识的发展。这为学生提供了一个由已知通向未知的思维通路，有助于学生建立一个富有生命力的动态思维网络。在这个过程中，学生能够深入理解各个概念的实质，并掌握潜藏于概念之间相互关系中各种各样的推理思维模式。

学科结构强调学科知识的整体联系性，正是因为知识之间存在着必要联系，学科知识才能帮助人类更全面地理解其产生和意义。通过这种呈现方式，教师可以让原本枯燥的知识生动形象地呈现于学生头脑当中，促使学生的知识学习能够超越规定的教学内容，将学生带领到更广阔的知识海洋中。

（二）厘清学科教学要求

从学科角度来讲，应该用学科育人，为学生素养服务，而非为学科而教，将教学拘泥于狭隘的学科本位之中，过分地注重本学科的知识与内容、任务和要求，因为这不利于学生视野的拓展、思维敏捷性的提升以及文化素养与哲学气质的提升。因此，学科核心素养的培养对学科教学提出了明确的要求。

1. 明确学科素养价值

学科教学不仅要传授学生学科知识和技能，更重要的是引导学生发展精神、思想情感、思维方式、生活方式和价值观。这就要求学科教学具有文化意义、思维意义和价值意义，即人的意义，同时要充分体现学科素养的价值。

学科素养价值是课程学习的基础和根本，是学科技能和知识的显性体现，具有鲜明的即时性和稳定性。在学科教学过程中，教师应运用科学方法，结合自身的经验、阅历和知识基础，通过探究和推理的方式，深入挖掘学科素养，以拓展和丰富学科核心素养。明确学科素养价值的关键在于梳理价值组成要素，考虑到不同学科的价值组成要素有所差异，所以教师必须深层次研究学科，才能达到有效区分的目的。

从学科整体角度来看，文科类学科的素养价值相对较为模糊，而理科类学科的素养价值则更为清晰。如语文学科素养价值虽然在课程方面有较为清晰的界定，但在很多方面仍需进一步充实和细化。相较之下，生物、化学和物理等学科的素养价值更为清晰，只需明确学段的内容和要求即可。

2. 做到学科之间的有机整合

任何一门学科都承担着培养学生核心素养的重要任务，但具体培养方式和侧重点各有不同。以社会责任这一核心素养为例，语文学科可以利用教材中的优秀人物事迹来实现对学生社会责任感的培养，而思想政治学科则可以借助思想和道德知识来实现同样的目标。纵使各个学科各有侧重，但它们之间存在着一定程度的共同性，这种共性使得各学科之间可以实现有效整合，在体现各自学科特点的同时，促使教学内容变得更加具体化和形象化。

二、学科核心素养培养的着手点

从本质上来看，学科核心素养的培养主要解决的是教学实践中"怎么教"的问题。学科核心素养作为连接共同核心素养和学科教学的关键桥梁，其培养需依靠课程体系并引导实践活动。因此，学科核心素养的培养，必须打破学科之间和各核心素养之间孤立的思维模式，从一个整体的角度来审视。这样一来，各个学科教学不仅能够凸显其学科本质，还能展示其独特的育人价值。同时，各学科可以在共同核心素养的基础上，与其他相关学科形成互补、互联的"学科群"，从而实现更加全面和有深度的学科教育。学科核心素养的培养可以从以下几方面着手。

（一）加强学科教学的实践性

学科教学在培养学生的学科核心素养方面发挥着重要的载体作用，要通过学科教学来培养学生核心素养，教学与实践的紧密联系显得尤为重要。教育者应关注学科教学与实践、学生生活和未来理想之间的联系，激发学生学习兴趣，培养他们的创新能力和问题解决能力，从而提高学生的学科核心素养。

加强学科教学的实践性，意味着教师须在教学过程中引入更多真实情境，帮助学生理解和掌握知识，并运用到实际生活中。实践性教学方法能够将学科知识与实际应用结合起来，激发学生的学习兴趣，使他们更好地理解学科知识在现实生活中的价值。将理论知识与现实生活的联系展现给学生，他们能够更好地认识到学科核心素养的重要性，从而增强自身的学习动力。

加强学科教学的实践性有助于培养学生的创新能力和问题解决能力。通过面向实际问题的学习任务，教师可以培养学生分析问题、解决问题的能力，让他们在面对现实生活中的挑战时更具信心。学生在实践中将所学知识与实际问题相结合，从而提高对学科知识的理解和运用水平，为未来职业生涯打下坚实基础。

加强学科教学的实践性有助于建立学生与教师之间的互动关系。教师不再仅仅是知识的传授者，而是学生学习过程中的引导者和支持者。通过与学生共同探讨实际问题，教师可以更好地了解学生的学习需求，进而调整教学策略，使之更具针对性。

（二）让学科核心素养的培养在现实中立足

学科核心素养的培养需要在现实中寻找立足点，这要求教育研究者和教育工作者走进现实社会，与学生、家长和社会各界进行充分交流。这种现实中的交流能够使教育者更好地了解学生的需求和发展特点，从而有针对性地制定教学目标和评价体系。

让学科核心素养的培养在现实中立足，意味着教育工作者需要将学科知识与现实生活紧密联系。在教学过程中，教师应将学生的生活经验和社会问题纳入教学内容，引导学生在现实情境中应用所学知识，从而提高学生的学科素养。与此同时，教育者还需关注社会发展趋势和就业市场需求，培养学生使其具备未来社会所需的核心能力。

在现实中立足培养学科核心素养，需要教育工作者在不同学段间进行协调沟通。各学段的教育工作者要结合学生的发展特点，明确各学科核心素养在不同学业阶段的教学目标和评价体系。这样，教育者可以为学生提供一种连贯的学习体验，从而更好地促进学生的个人发展。

让学科核心素养的培养在现实中立足还需要在教学资源的配置上作出调整。教育者应依据学生的发展特点和各学段的教学目标，合理配置教学资源。这包括教材的选择、课程设计、实践活动的组织等方面。通过有针对性地安排教学资源，教育者能够更好地实现对学生学科核心素养的培养。

三、学科核心素养培养的基本原则

学科核心素养的培养是为了让学生掌握一门学科的基本知识和技能，并发展其深层次理解和应用的能力，在实际教学中应遵循以下原则，如图 2-3 所示。

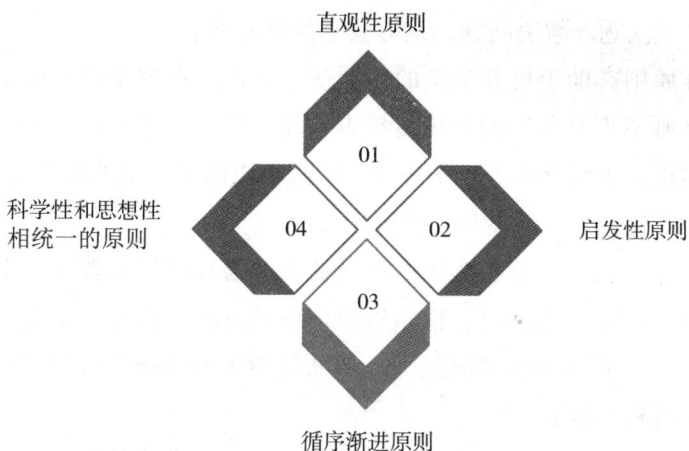

图 2-3　学科核心素养培养的基本原则

（一）直观性原则

直观性原则强调教学过程中以形象、具体和直观的方式呈现知识与概念，帮助学生更好地理解和掌握学科内容，从而促进学生学科核心素养的形成。

直观性原则有利于激发学生的兴趣和积极性。学生在学习过程中往往对形象、直观的教学内容产生较强的兴趣。通过生动、具体的实例和情境，教师可以激发学生对学科知识的好奇心，使学生在轻松愉快的氛围中主动参与学习，从而提高学生的学习积极性。

直观性原则有助于提高学生的理解能力。学生在学习过程中，很容易受到抽象概念的困扰，如果教师可以将抽象的学科知识转化为具体、形象的内容，就能使学生更轻松地理解和掌握学科知识。同时，直观性原则还可以帮助学生在心智层面建立知识的联系与网络，形成完整、有序的学科结构，有利于学生形成系统性的学科认识。

直观性原则有助于培养学生的创新能力和实践能力。通过直观的教学方式，学生可以更清晰地认识到学科知识在现实生活和实际操作中的应用。这有助于学生形成知识与实践之间的紧密联系，激发学生的创新意识，培养学生将学科知识运用于实际问题解决的能力。

（二）启发性原则

启发性原则强调教师在教学过程中引导学生自主思考、积极探究，从而帮助学生发现问题、解决问题，培养其学科核心素养。

启发性原则有助于培养学生的主动学习意识。在遵循启发性原则的教学过程中，教师不再是单纯的知识传授者，而是学生思考、探索的引导者。通过提问、讨论、小组合作等教学方式，教师可以激发学生的好奇心和求知欲，使学生在学习过程中主动参与、积极思考。

启发性原则有利于培养学生的思维能力。通过启发式教学，学生可以在教师的引导下独立思考问题，探索解决问题的方法，这有助于培养学生的逻辑思维、分析判断和问题解决能力，从而使学生在掌握学科知识的同时，更好地发展学科核心素养。

启发性原则有助于培养学生的创新能力。在启发式教学过程中，学生需要运用所学知识去发现新问题、提出新观点、解决新挑战。这种教学方式鼓励学生跳出传统思维框架，勇于创新，从而培养具有创新精神的学科核心素养。

（三）循序渐进原则

循序渐进原则是指在学科核心素养的培养过程中，遵循知识和能力的逐步发展、层次提升，从简单到复杂、由浅入深的教学原则。循序渐进原则强调教学过程的连续性和发展性，以确保学生在掌握基础知识的基础上逐步发展高阶思维能力和学科核心素养。

循序渐进原则有助于巩固学生的基础知识。在学科核心素养培养过程中，基础知识是必不可少的基石。通过遵循循序渐进原则，教师可以合理安排教学内容，使学生在掌握基础知识的同时逐步深入理解学科知识。这样的教学安排有助于学生形成扎实的知识基础，为进一步发展学科核心素养打下坚实基础。

循序渐进原则有利于培养学生的高阶思维能力。遵循循序渐进原则的教学过程，可以使学生在掌握基本知识和技能的基础上，逐步发展分析、评价、创造等高阶思维能力。通过逐步提高教学难度和挑战性，教师可以引导学生在实践中锻炼思维能力，逐步形成学科核心素养。

循序渐进原则有助于调整教学节奏，关注学生的个体差异。每个学生的学习速度和接受能力都有所不同。遵循循序渐进原则，教师可以根据学生的实际情况，有针对性地调整教学计划，使教学过程更加合理和有效。

（四）科学性和思想性相统一的原则

科学性和思想性相统一原则强调在学科核心素养的培养过程中，要兼顾学科知识的传授与思维能力的培养，使学生在学习过程中形成科学的世界观、方法论和价值观。这一原则要求教师在教学过程中，不仅关注学生对学科知识的掌握，还要关注学生的思维能力发展，培养学生独立思考、创新和解决问题的能力。

科学性和思想性相统一原则有助于确保学生掌握正确的学科知识。在教学过程中，教师需要传授学科知识，使学生了解学科的基本概念、原理和方法。由此，学生能够在学习过程中建立起科学的知识体系，形成科学的世界观和方法论。

科学性和思想性相统一原则有助于培养学生的独立思考能力。在教学过程中，教师应鼓励学生质疑、探究和表达自己的观点，培养学生的批判性思维和创新意识。教师应以问题为导向，设计合适的教学活动，使学生在实践中发展思维能力，形成自主学习的习惯。通过这种方式，学生能够学会独立思考，具备解决问题的能力。

科学性和思想性相统一原则有助于培养学生正确的价值观。在教学过程中，教师要关注学生的道德情操、审美情趣和价值取向，引导学生关心社会、关心他人，培养其正确的价值观。教师可以借助学科教材中的实例，引导学生思考社会现象、人生观念，从而培养其独立判断和批判的能力。

第三节　学科核心素养导向下教学模式的转型与创新

一、学科核心素养导向下教学模式的转型思路

基于学科核心素养的指导，教学模式的转型思路主要体现在以下两方面，如图 2-4 所示。

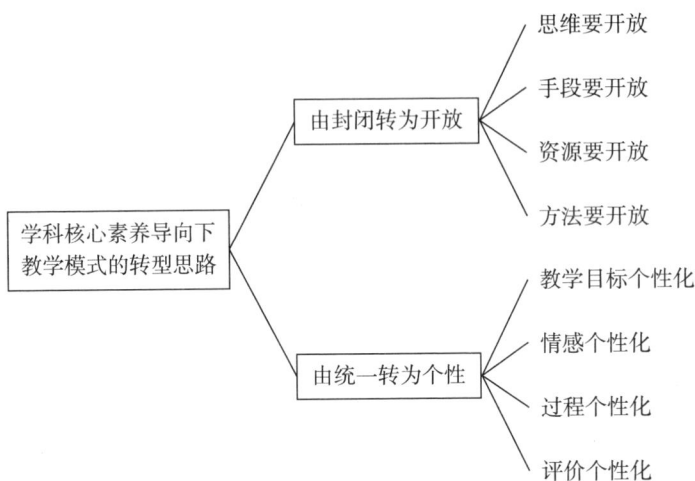

图 2-4　学科核心素养导向下教学模式的转型思路

（一）由封闭转为开放

学科核心素养的培养，要摆脱教材、课堂、手段等各种约束，在开放性的教学环境中着眼于学生各种技能和品质的培养。为此，首先要实现教学模式由封闭到开放的转变。具体来说，可以从以下四方面入手。

1. 思维要开放

在学科核心素养导向下教学模式的转型过程中，教师需要具备开放的思维。开放的思维意味着教师要摒弃传统的、僵化的教育观念，乐于接受新的教育理念和教学方法。教师应关注学生的发展需求，重视学生的主体地位，充分发挥学生的主动性和创造性。此外，教师还要关注社会和学科发展的趋势，不断更新教育观念和教育内容，以适应不断变化的社会环境。开放的思维有助于提高教师的教育敏感性，使教师能够灵活地应对教育中的挑战和变革。

2. 手段要开放

开放的教学手段是实现学科核心素养导向下教学模式转型的重要条件。教师需要摒弃传统的"填鸭式"教学，尝试采用多种教学方法和技巧，激发学生的学习兴趣，培养学生的学科核心素养。例如，教师可以使用案例分析、讨论互动、问题解决、项目实践等教学手段，使学生在实践中学习和运用知识。同时，教师还要利用信息技术、网络资源等现代教育手段，拓宽教学内容和渠道，为学生提供个性化和差异化的学习支持。开放的教学手段有助于提高教学的针对性和有效性，促进学生的全面发展。

3.资源要开放

在学科核心素养导向下教学模式的转型中，开放的资源是支撑教学改革的基础。教育资源不仅包括课本、教材等传统资源，还包括网络资源、社会资源等多元化资源。教师要充分利用这些资源，提高教育的质量和效果。例如，教师可以通过网络平台获取最新的学科知识和教育资讯，与同行进行专业交流和合作，为教育改革提供支持。教师还可以与社会各界合作，为学生提供实习、实践、志愿服务等社会实践机会，帮助学生拓宽视野，培养社会责任感和实践能力。资源的开放有助于激发学生的学习热情，提升学科核心素养的培养效果。

4.方法要开放

学科核心素养导向下，教育主张教师改变传统的封闭型教学方法，实行开放式教学。开放的教学方法意味着教师需要根据学生的个性、需求、兴趣和发展阶段，采用多样化、灵活性的教学策略，以激发学生的学习潜能和兴趣，帮助学生形成持续的学习动力。教学方法的开放会带来以下变化。

开放师生关系，使教学气氛民主化。在开放式教学环境中，教师与学生之间的关系更加平等，学生的意见和需求受到更多的尊重。这有助于建立良好的师生关系，营造轻松、和谐的教学氛围，从而激发学生的学习兴趣和积极性。

开放教学过程，使学生各有所得。开放式教学鼓励学生根据自己的兴趣、特长和需求选择学习内容和方式，这有利于满足学生个性化发展的需求，使他们在学习过程中找到适合自己的方法，提高学习效果。

开放教学评价，调动学生创新的积极性。开放式教学强调多元化、全面化的评价体系，注重过程与结果相结合，给予学生表现自我的机会。这有助于激发学生的创新意识和积极性，培养学生自主、合作、探究的学习品质。

开放探索空间，让学生在探索的过程中形成分析问题和解决问题的能力。开放式教学倡导将学习场景从教室拓展到社会，让学生参与课外活动与实践活动，开阔视野。在这个过程中，学生将根据已有的知识去发现、思考、探索，从而解决问题，提高学生的问题分析和解决能力。

（二）由统一转为个性

学科核心素养关注每位学生的个性化发展，所以教学模式要朝着个性化转型。通过实施情感个性化、过程个性化和评价个性化教学，教师可以更好地满足学生的个性化需求，提高学生的学习效果和学科核心素养，实现学科核心素养导向下教学模式的转型。

1.教学目标个性化

在学科核心素养导向下的教学模式转型过程中，教学目标从统一转向个性化，体现了教育改革的人本精神。这种转变意味着教育工作者应关注每一个学生的独特需求和发展潜力，以学生为中心，从而为学生提供更为合适的教育资源和指导。

（1）以学生为中心。以学生为中心的教学模式要求教师关注每个学生的需求和兴趣，尊重学生的个性差异。在教学过程中，教师应该充分调动学生的主观能动性，鼓励他们积极参与学习，发挥自己的创造力。此外，教师还需要根据学生的发展阶段和特点，为他们提供不同层次和类型的教学资源，创设有利于个性发展的学习环境。由此，学生在面对挑战和困难时，能够自主寻找解决方案，形成自己的思考方式和学习策略，从而实现自我价值的提升。

（2）以未来为方向。从未来的角度来看，个性化教学目标更能满足学生的长远发展需求。在21世纪这个充满变革和挑战的时代，培养具有创新精神、批判性思维和自主学习能力的人才是教育的重要任务。因此，教育工作者应关注学生的未来发展，为他们提供更加广阔的发展空间。此外，教学目标的设计需要结合社会未来的需要，因为学生是社会的人，学生自身的发展影响着社会未来的发展，因此，教师在设计教学目标的时候，要立足未来社会的角度，认真思考未来社会需要什么样的人才。

2.情感个性化

情感个性化是指在教学过程中，关注学生的情感需求和兴趣，提供个性化的情感关怀和支持。情感个性化教学有助于激发学生的学习动力，提高学生学习的积极性和学习效果。要实现情感个性化教学，教师需要做到以下几点。

一是了解学生的情感需求和兴趣，关注学生在学习过程中的情感变化，及时调整教学策略和内容，使之符合学生的心理需求。

二是关注学生的个性差异,尊重学生的多元化需求和发展特点,为学生提供个性化的情感关怀和支持。

三是创设积极的课堂氛围,鼓励学生表达自己的观点和感受,与学生建立良好的师生关系,增强学生的归属感和自信心。

3. 过程个性化

学科核心素养实现了由知识的学习向实践应用的转变,在现实问题导向下,学生学习的过程就是面对知识学习中的各种问题进行探索的过程。过程个性化是在教学过程中关注学生主体的动机、兴趣、知识水平、能力、品质,使他们能够充分展示个性、发挥潜能并在学习过程中获得成长。

过程个性化强调教师要关注每一个学生的特点与需求,通过了解学生的知识基础、学习动机、兴趣爱好等方面的信息,合理安排课堂教学,设计不同层次、不同难度的学习任务,以适应学生个体差异,给予学生个别化关怀。这样,每个学生都可以根据自己的情况选择适合自己的学习路径,实现个性化发展。教师要注重提供丰富的教学资源,让学生在多元化的学习环境中拓展知识和技能,利用网络、多媒体等现代教育手段,为学生提供丰富的学习资源和教学材料,使他们在学习过程中获得多样化的体验,激发学习兴趣。同时,教师还应引导学生主动寻找与自己知识水平、兴趣相匹配的学习资源,培养他们的自主学习能力。教师还应鼓励学生在学习过程中进行合作与交流,组织学生分组合作,让他们在讨论、探讨问题解决方法的过程中,学会倾听、表达、协作和反思。

4. 评价个性化

评价个性化是指在教学评价过程中,关注学生的个性差异和发展需求,提供个性化的评价指标和方式。评价个性化有助于提高评价的公平性和有效性,促进学生的全面发展。要实现评价个性化,教师需要制定个性化的评价指标和标准,关注学生的知识掌握、技能运用、情感态度、学习策略等多方面的发展,确保评价的全面性和客观性;采用多元化的评价方式和方法,结合学生的个性差异和需求,运用自评、互评、教师评价等多种评价方式,提高评价的准确性和实用性;关注评价的反馈和改进,及时为学生提供个性化的评价反馈和建议,帮助学生分析自己的优点和不足,调整学习策略和方法,促进学生的持续进步。

二、学科核心素养导向下教学模式的创新策略

（一）设计以学生为中心的教学活动

在学科核心素养导向下，以学生为中心的教学活动旨在激发学生的学习兴趣，培养他们的主动学习意识，发挥其创造力和潜能，从而提高学生的学科核心素养。

教师在设计以学生为中心的教学活动时，要关注学生的兴趣和需求，深入了解学生的兴趣爱好、学习风格和认知水平，以此为依据设计富有吸引力的教学活动，进而激发学生的学习热情，使他们更加投入学习中去。同时，这类教学活动应鼓励学生积极参与和互动。教师可以设计小组讨论、合作学习、角色扮演等活动，让学生在互动中发挥主观能动性，共同探讨问题解决方案，致力于学生团队协作能力和沟通技巧的培养，同时也能增强学生之间的友谊和凝聚力。另外，教师还应该注重培养学生的创新能力和批判性思维，引导学生运用所学知识解决实际问题，鼓励他们提出独立见解和创新思路。通过创新性的教学活动，学生能够学会独立思考，勇于挑战权威，形成自己的思考方式和价值观。

（二）创设实践性和探究性的学习场景

在学科核心素养导向下，设计富有挑战性的任务和问题，有助于激发学生的求知欲和好奇心，培养他们的动手能力和探究精神，从而提升其学科核心素养。为此，教师应结合课程内容设计与实际生活紧密相关的实践性学习场景，将教学内容与学生生活中的实际问题相结合，引导学生运用所学知识和技能解决问题，提高他们的实际应用能力。通过在实践性学习场景中的学习，学生能够更好地理解知识的实际意义和应用价值，增强学习的动机和兴趣。教师要善于创设探究性的学习场景，借助开放性问题，引导学生从多个角度进行思考，发挥主观能动性，积极寻求答案，进而培养学生的独立思考能力、分析问题能力和解决问题能力，为学生未来的学习和生活奠定坚实基础。教师还应充分利用现代信息技术，借助网络资源、虚拟实验室等，拓展学生的学习空间，提高他们的学习效果。

值得注意的是，教师要关注学生在实践性和探究性学习场景中的情感体验，尊重每位学生的个性和特长，为其提供舒适的学习环境，鼓励学生在实

践和探究过程中表达自己的观点和情感，培养其自信心和自尊心。

（三）推进跨学科整合与协作学习

在现实生活中，很多问题的解决需要多学科知识的综合运用，因此，跨学科整合有助于培养学生的综合分析能力和创新能力。在教学过程中，教师要关注不同学科之间的内在联系，将相关学科知识融入教学活动中，使学生在学习过程中形成跨学科的知识体系。

教师在设计教学活动时，应充分考虑学科之间的整合，如将数学与物理、化学相结合，将历史与地理、政治相结合，将文学与艺术、哲学相结合，通过设计具有跨学科特点的学习任务，如项目研究、案例分析、主题探究等，使学生在解决实际问题的过程中学习到多学科的知识，提高学生的跨学科思维能力。同时，教师要关注学生在跨学科学习过程中的表现，及时提供反馈和指导，帮助学生形成对各学科知识的深入理解和掌握。

协作学习是指学生在学习过程中相互合作、共同探讨、共同解决问题的一种学习方式。协作学习有助于培养学生的团队合作精神、沟通能力和解决问题的能力。在跨学科整合的教学过程中，教师要关注学生的协作学习，通过分组合作、项目研究等方式，促进学生之间的互动和交流。在协作学习过程中，学生可以相互学习、相互启发，共同完成学习任务，提高学习效果。

（四）提供个性化教学支持和差异化教育资源

学科核心素养导向下，提供个性化教学支持和差异化教育资源强调针对学生的不同特点、兴趣和需求，制定个性化的教学方案，并提供多样化的教育资源，以促进每个学生的全面发展。

个性化教学支持关注学生的差异。每个学生的知识水平、学习能力、兴趣爱好和学习风格都有所不同，因此，教师在教学过程中应关注这些差异，有针对性地调整教学方法和策略。例如，对于学习能力较强的学生，教师可以设置更具挑战性的任务，以提高他们的学习动力；对于学习能力较弱的学生，教师则应给予更多的关心和指导，帮助他们建立自信心。同时，为了实现个性化教学，教师需要提供多样化的教育资源，如不同难度的学习材料、丰富的实践活动和多种形式的评价方法。这些资源可以帮助学生根据自己的兴趣和需求进行自主学习，从而提高学习效果。

提供个性化教学支持和差异化教育资源有助于培养学生的自主学习能力。

在这一策略下，学生可以根据自己的需求选择合适的学习资源，制订个性化的学习计划，从而逐渐形成自主学习的习惯，这种习惯对于学生未来的学习和发展具有重要意义。

（五）制定问题导向和项目导向的学习任务

制定问题导向和项目导向的学习任务，强调以真实问题和项目为核心，激发学生的学习兴趣和动力，培养他们的实践能力和创新精神。问题导向学习任务关注学生在解决实际问题中的学习过程，教师通过设计与现实生活紧密相关的问题，可以引导学生从不同角度思考问题，激发他们的求知欲和好奇心。在解决问题的过程中，学生需要运用所学知识、技能和方法，从而将理论知识与实际应用相结合，提高自己的综合素养。在项目导向学习中，学生需要在一定时间内完成一个具体的项目，如调查研究、设计创作等。在项目实施过程中，学生须发挥主动性和创造性，整合其他学科知识，形成完整的知识体系。这一过程有助于培养学生的团队协作能力、沟通能力和解决问题能力。

制定问题导向和项目导向学习任务可以促进学生的深层次学习。这两种学习任务要求学生积极参与、主动探索，从而引导他们从掌握表层知识过渡到掌握深层次知识。在此过程中，学生能够更好地理解和掌握知识，形成稳定的知识结构。问题导向和项目导向学习任务的制定，需要教师具备一定的教学设计和组织能力。教师应根据学生的兴趣和需求，制定具有挑战性和吸引力的学习任务；同时，教师还需具备引导学生开展问题解决和项目实施的能力，以确保学习任务的有效完成。

（六）实施多元化和全面化的教育评价

多元化和全面化的教育评价的实施，强调教育评价应关注学生的全面发展，体现多样性和公平性，以促进学生的学科核心素养的提升，有助于形成积极的教育生态。

传统评价通常以笔试成绩为主，忽略了学生在其他方面的表现，而实施多元化教育评价要求教师采用多种评价方式，如观察法、口头报告、实际操作、小组讨论、自我评价等，以全面了解学生的学习状况。多元化评价有助于发现学生在不同方面的优势和潜力，促使教师因材施教，提高教育质量。教育评价不仅应涵盖学生的知识掌握程度，还应关注他们的技能、态度、价值观等方面。全面化评价要求教师在评价过程中关注学生的思维品质、情感态度、实践能力等各个方面的发展，从而形成对学生综合素养的全面把握。

多元化和全面化的教育评价强调过程性评价与终结性评价相结合。其中，过程性评价关注学生在学习过程中的表现，以及他们在解决问题、探究学术问题等方面的能力；终结性评价则关注学生在学期末或课程结束时的知识掌握程度。两者的有机结合有助于教师全面了解学生的学习进展，为教学调整提供依据。

（七）建立家校社会合作的有效机制

建立家校社会合作的有效机制，注重家庭、学校和社会资源的有机整合，共同培养学生的学科核心素养，从而促进学生的全面发展。家庭和学校共同参与学生的教育过程，能使学生在家庭与学校的双重支持下，更好地发展学科核心素养。

学校可以与企事业单位、社会团体、专业机构等建立合作关系，共同开展社会实践、实地考察等，使学生在实际操作中增强学科核心素养，这样的合作有助于拓宽学生的知识领域，增强学生的实践能力和创新意识，培养学生的团队精神和责任感。家庭可以为学生提供一个充满爱心、关怀和尊重的成长环境，培养学生的积极心态，增强学生的自信心和毅力。同时，家长可以积极参与学校的教育活动，了解学生在学校的学习、生活状况，为学生的发展提供更好的支持。社会资源方应充分发挥自身优势，为学生提供丰富的实践机会和资源。三方共同承担起培养学生学科核心素养的重任，形成教育合力。

另外，学校可以定期组织家长开放日、家长会等活动，加强与家长的沟通与交流；与社会资源方签订合作协议，明确合作目标、内容和方式，确保合作的可持续性。同时，建立家校社会合作的评价和反馈机制，对合作成果进行及时评价与总结，为进一步优化合作提供依据。

第三章　高校现有创新型教学模式

第一节　探究式教学模式

一、探究式教学模式相关概念解读

（一）探究

广义的探究涵盖了所有关于独立解决问题的活动，涉及深入研究、询问和理解某个现象或问题的过程，通过此过程，揭示并理解事物的真实性质。科学探究的本质在于，它是一种主动的求知过程，不仅依赖于深思熟虑的理性思维，也依赖于实验性的尝试和错误。这种探究活动可以采用各种形式，既可以是成人的"思想实验"，也可以是儿童的实践探索；既可以是与众不同的，也可以是模仿的。这是人类的一种基本倾向，是人们试图理解和解释世界的方式，这种倾向驱使人类挖掘和理解自然的规律，寻求人类与世界的关系。

狭义的探究，也就是科学探究，是一种人类主动地参与，运用科学的方法来发现、分析和解决问题，以便于得出科学规律的过程。这种探究在很大程度上需要以科学的方式去思考，需要用事实和证据来回答问题，而不仅仅依赖于个人的感觉或者意见。在高等教育中，探究式教学主要参照狭义的科学探究进行，学生在此过程中需要借助科学方法去解析并解决问题。这种方法适用于所有学科，因此，科学探究成为高等教育的一个重要教学模式。

（二）探究式学习

探究式学习是一种特殊的教学方法，其主旨在于使学生在一定的问题情境下，通过对相关知识的搜索了解，对知识进行研究探讨，像科学家一样通过研究过程来获取知识。这种学习方法注重过程，而不仅仅是结果。在此过程中，学生必须进行一系列的猜想，然后设计和执行实验，获取并分析数据，得出并验证结论。探究式学习并不仅仅是为了获得知识，更重要的是，它使学生了解并掌握了一种科学的探究方法。这种学习方式有助于学生形成良好的探究习惯，培养他们的独立思考能力和解决问题的能力。通过不断的研究和探究，学生可以形成坚持不懈的探究精神。

同时，探究式学习也鼓励学生进行合作，一起解决问题，一起发现新知。这种合作精神的培养，对于学生的社会技能和团队合作能力的提高非常有利。因此，探究式学习重视学习过程，强调把课堂交还给学生，让学生在教师的指导下，通过自主合作的方式进行探究来获取知识。这种学习方式不仅让学生积极参与，还能帮助他们更好地理解和掌握知识，从而提高他们的学习效果和兴趣。

（三）探究式教学模式

探究式教学模式是一种独特的教学策略，其核心思想是让学生在教师引导下，在一定的问题情境中进行科学探究，解决问题，并最终获得相关的知识或理解。这种模式使学生变成知识传递的主体，他们通过观察现象、提出问题、分析与假设、科学探究和验证结论的过程，提高自己的科学探究能力。学生在发现和解决问题的过程中，积极地参与到学习过程中，形成自我主导的学习习惯，学生的探究精神和实践能力得到了锻炼和提升，这对于他们日后复杂问题解决、独立思考、协作交流等具有极大的价值。

现如今，探究式教学模式在自然科学领域得到了广泛的应用，特别是在高校应用型课程教学中，它起着至关重要的作用。随着探究式教学的推广和普及，它将不断地改变传统的课堂教学方式，有目的地提高教学效果，更好地满足学生的学习需求。探究式教学模式通过引导学生积极参与，引导其努力解决问题，激发学生的学习兴趣，发展学生的科学素养，培养他们的创新精神，对他们的全面发展具有重要意义。

二、探究式教学模式的特征

（一）问题

问题是科学探究的核心和起点，为研究者指明了探索方向。问题的提出有助于激发研究者的好奇心和求知欲，从而形成探究的目标和动力。这种积极的态度对于学习如何解决问题至关重要。只有勇于提出问题，研究者才能在解决问题的过程中不断培养思考问题的习惯、实验操作能力和创新精神。在教育领域，提出问题同样是至关重要的。这是因为，提出问题是培养学生解决问题能力的第一步，学生需要学会提出问题，以便在探究式教学中找到自己的兴趣所在，从而更好地学习和掌握知识。此外，提出问题也是探究式教学的首要环节，探究式教学鼓励学生主动参与，提出问题和解决问题，从而提高他们的学习效果和兴趣。

另外，创新精神是当今社会发展的关键驱动力，教育需要关注学生创新能力的培养，而提出问题正是激发创新思维的重要途径。学生在提出问题的过程中，可以锻炼自己发现问题、分析问题和解决问题的能力，为今后的创新行动打下坚实的基础。

1.问题的来源

探究式教学模式是一种将学生置于主动地位的教学方法，鼓励学生通过提问、探索、实践和思考来学习和掌握知识。问题的提出是探究式教学的首要环节，问题的来源和质量直接影响到学生的学习兴趣、动机和效果。在实际的探究式教学中，问题的提出可以有多种形式，主要包括学生自发提出的问题、教师提出的问题以及师生共同探讨的问题。

学生自发提出的问题是探究式教学模式中较为理想的问题来源，这类问题通常源于学生在学习过程中遇到的障碍、对某些知识点的不熟悉或疑问，以及生活中的现象和问题。学生自发提出的问题反映了他们的个性化需求和兴趣，有助于激发学生的学习动力和探究欲望。当学生主动提出问题时，他们更容易将注意力集中在问题上，从而提高学习效果。同时，学生自发提出问题有利于培养他们独立思考、解决问题和创新的精神，为未来的学习和职业生涯奠定基础。

教师提出的问题也是探究式教学模式中一个重要的问题来源。教师在设计课程和教学活动时，可以结合学生的认知水平、兴趣和生活经验，提出切合实际的问题。教师提出的问题应该具有一定的挑战性和启发性，引导学生深入思考和探究。例如，教师可以引用生活中的现象，将抽象的学科知识与学生的实际生活联系起来，激发学生对学科知识的兴趣和好奇心；教师还可以创设情境，通过情境教学法引导学生提出问题，使学生在自然和轻松的环境中学习和探究。

师生共同探讨问题指的是教师和学生共同参与问题的提出和解决，形成一种共同探究的氛围，可以促进教师与学生之间的互动与合作，提高教学质量。在这种情况下，师生共同探讨问题有助于教师了解学生的需求和兴趣，调整教学策略，更好地满足学生的学习需求。同时，学生在师生共同探讨问题的过程中，可以学会倾听他人的观点，培养团队协作和沟通能力。

因此，问题的来源可以有多种渠道，问题无论是来自学生、教师还是师生共同探讨，都需要经过深入的研究与讨论。将问题置于特定的情境之中，不仅能让问题自然地浮现出来，还有助于确保问题具有科学性和实用性，从而使学生更加热情地投入科学探究过程中。

2. 问题的价值

科学探究的主要目的在于揭示现象背后的本质，探寻自然的规律，进而更好地认识和改造自然。因此，在选择探究问题时，要确保问题具有一定的价值，否则对问题的探究将失去意义。

问题的价值体现在它能够满足当前的客观需求，解决学习过程中出现的困难或生活中的实际问题，这意味着问题应具有一定的实际意义和现实价值，能够引导学生关注现实生活中的问题，提高他们分析和解决问题的能力。同时，问题应具有一定的理论价值，能够帮助学生拓展知识体系，建立正确的世界观和方法论。另外，一个有价值的问题应具备一定的创新性，鼓励学生在解决问题的过程中挑战传统观念，发挥创造力和想象力，培养独立思考的能力和创新精神。

3. 问题的难度

在探究式教学模式中，适中的问题难度不仅能够激发学生的兴趣和动力，还能促使他们发挥潜能，提高学习效果。因此，在高校教育教学中，科学探究提出的问题应具有适中的难度，以确保问题对学生具有挑战性和可操作性。

一个适中难度的问题可以引导学生运用已有知识和技能进行探究，发挥学生主观能动性，从而提高学习效果。过于简单的问题可能让学生觉得毫无挑战性，导致他们失去探究动力；过于复杂的问题则可能让学生望而却步，对探究产生畏难情绪。同时，当问题具有一定的挑战性时，学生在解决问题的过程中能够不断克服困难，积累经验，从而增强自信心和成就感。这样的问题有助于培养学生独立思考、主动学习和解决问题的能力。

（二）自主

探究式教学模式中的一个显著特征就是自主性，这一特征体现在学生是学习的主体，他们自主地发现和解决问题，从而提升了他们的学习能力和实践能力。在这个过程中，学生不仅学习和理解新知识，而且还获得了解决问题和独立思考的能力。探究式教学模式鼓励学生独立地完成学习任务，而不仅仅是被动地接受教师的教导；教师的角色转变为指导者和协助者，他们提供必要的工具和资源，帮助学生独立地解决问题。学生在这种教学模式中享有更多的自由，可以自由地选择学习内容和路径，探究自己感兴趣的问题，从而激发他们的学习热情和积极性。同时，在独立完成学习任务的过程中，学生必须进行批判性思考，分析问题，提出自己的观点和解决方案。这种过程能够提升学生的思维能力，培养他们的创新精神，为他们未来的学习和职业生涯奠定基础。

1. 自主学习并不是放任学生

探究式教学中的自主学习并不等同于完全放任学生。相反，这种教学方式更注重在教师的指导下，使学生成为学习的主体，有明确的学习目标和任务，掌握一定的学习材料和方法，从而能有目的地完成自己的学习任务。

自主学习的首要任务是确立学生的主体地位。教师应鼓励学生参与课程设计，以理解学习目标和任务，培养他们独立解决问题和自主发现知识的能力。学生在主动探究和解决问题的过程中，不断积累知识和提高技能。高等教育阶段的学生的自主能力还在发展中，他们的注意力容易分散，好奇心强，这就需要教师在整个教学过程中，密切关注学生的学习动态，适当地监督和指导学生的学习，确保他们能有效地进行自主学习，避免他们走入误区或失去学习的方向。而且，由于学生的学习能力有限，他们可能在自主学习过程中遇到困难或产生误解，这就需要教师根据学生的实际学习情况，及时提供指导，帮助他们解决学习过程中的问题。在学生遇到困难时，教师应提供明确的学习路径，引导他们找出问题产生的原因，并给出正确的解决方法。

2. 自主学习并不等同于课后自习

探究式教学的自主学习并不等同于课后自习，两者在目标、方式和效果上都存在显著的区别。课后自习在一定程度上可以丰富学生的知识和能力，但它无法替代或等同于探究式教学中的自主学习。

在探究式教学的自主学习中，基于教师的引导，学生主动参与问题的发现、分析和解决，这是一种自主性与互动性并重的学习方式。相比之下，课后自习往往偏重于知识的复习和巩固，自主性和互动性都相对较弱。在课后自习中，学生往往缺乏教师的实时指导和反馈，有时可能会走入学习的误区，而且在自主学习的能力培养上效果有限。而探究式教学的自主学习则在教师的监督和指导下进行，更能有效地提升学生的自主学习能力和创新精神。

3.自主学习的使用要恰到好处

确实，自主学习的方式可以弥补传统教学的不足，鼓励学生形成探索精神，提高学生的学习兴趣和学习效率，但在实际教学中，教师必须对自主学习的使用程度和范围有所把握。

自主学习并不适合在整节课程中持续使用。每个学生的学习节奏和学习方法都有所不同，一直使用自主学习的方法可能会导致一部分学生跟不上教学进度，而另一部分学生则可能感到无聊。在一节课中，教师需要根据学生的实际情况和教学内容进行适度的教学调整，适时地使用自主学习的方式。

不是每个知识点都适合自主学习。有的知识点难度较大，如果让学生自己去探索，可能会让他们感到困惑，甚至打击他们的学习积极性。对于这些知识点，教师的引导和解释更为重要。选择自主学习的内容时，应在学生的"最近发展区"内选择难度适中的内容。

值得一提的是，自主学习虽然有其特殊的作用，但在实际教学中不可能一直采用。教学的效果不仅取决于学生的自主学习，还取决于教师的教学方法和教学能力。自主学习和教师引导不是相互排斥的，而是需要互相配合，以最大限度地提高教学效果。

（三）探究

在探究式教学模式中，探究是学生理解并掌握新知识的主要途径。在探究环节中，学生自主地去发现问题、提出假设、验证假设、解决问题，这一系列过程不仅有助于学生对知识的深入理解，还可以培养学生的批判性思维和问题解决能力。与此同时，通过这个环节，学生还能习得科学的探究方法，了解科学知识的形成和发展过程，培养科学的精神和态度。

然而，在进行探究的过程中，也有很多易错现象。比如有些学生在发现问题和提出假设时，可能会受到原有知识和观念的限制，难以提出新颖的、符合科学方法的假设；在验证假设和解决问题时，他们可能因为缺乏有效的探究工具和方法而难以进行深入的探究；在总结和归纳结果时，他们可能会受到个人偏见的影响，难以做到客观公正。

对于以上的易错现象，有几点需要注意：一是教师需要提供一个开放的学习环境，鼓励学生勇于挑战已有的知识和观念，提出新的问题和假设；二是教师需要指导学生掌握和运用科学的探究工具和方法，提高探究的效率和深度；三是教师需要引导学生形成科学的态度，保持对待探究结果的客观公正，避免个人偏见的影响；四是教师还需要根据学生的个体差异，采取个性化的教学策略，满足不同学生的学习需要。

（四）合作交流

在探究式教学模式中，合作与交流的重要性不言而喻，不仅有助于提高问题解决的效率，还可以促进团队成员之间的相互理解和协作，从而提升整个团队的效能。

合作与交流作为探究式教学的核心元素之一，可以有效推动科学探究的进行。在探究过程中，学生需要通过合作来解决具有挑战性的问题，这不仅可以提高他们解决问题的效率，还能够提高他们的协作能力。与此同时，交流能够帮助学生在探究过程中及时获得反馈，调整自己的探究策略和方法，从而更好地完成探究任务。合作与交流也可以帮助学生建立积极的学习社群，学生可以从中分享自己的观点和想法，吸取他人的经验和知识，有助于培养学生的团队合作精神和社交技巧，不断提升学生的学习能力和素养。

三、探究式教学模式的主要环节

（一）创设情境

在探究式教学模式中，创设问题情境是至关重要的一步。一个良好的情境可以吸引学生的注意力，激发他们的好奇心，从而引发他们的学习动机。设置合理的问题情境，可以使学生快速地进入学习状态，营造教学氛围，提升课堂教学的效果。问题情境的创设需要教师根据教学任务的具体需求来设计，情境可以源于日常生活，这样可以让学生感到熟悉，同时也让他们明白所学的知识具有实际应用的价值。情境也可以来自学生在学习过程中遇到的问题，这样可以帮助他们解决实际问题，增强学习的实效性。情境也可以根据当前科技的发展或者社会的需求来创设，让学生明白知识在社会发展中的重要作用，从而进一步强化学习的社会意义。

（二）启发思考

在探究式教学模式中，启发学生思考是关键的一环，教师需要引导学生理解问题，提出假设，并为后续的探究活动做准备。在教师创设的问题情境下，学生被引导去发现其中的问题或相关知识，然后以此为探究的目标进行深入思考。这个过程要求学生提出合理的猜想和假设，为后续的科学探究奠定基础。

猜想和假设并不是凭空产生的，它们必须建立在一定的依据之上，否则将失去探究的意义。这就需要教师对于学生提出的猜想持包容态度，对不合理的猜想给予指导和解释。这种指导可能来自日常生活经验，也可能基于已经学习过的知识，可以帮助学生更好地理解问题，更准确地提出假设。每个学生都有机会提出自己的猜想，教师需要将这些猜想进行归类和总结，排除一些不合理或无根据的猜想，保留那些有依据且合理的猜想，为后续的科学探究提供基础。

（三）自主探究

在探究式教学模式中，自主探究环节主要是学生面对理论猜想设计出适当的探究方案，包括选择所需设备、设计探索步骤、记录相关数据等。在此过程中，虽然教师有责任提供必要的引导和支持，但并不应该直接代替学生进行探究，因为这会剥夺他们从实际操作中学习和理解的机会。在实施探究方案时，学生应严格按照设计的步骤进行，准确地观察现象并记录相关数据。教师在此过程中扮演着管理者和监督员的角色，确保实验的有序性和有效性。

探究活动可以采取学生分组合作的形式进行，在组队时，教师需要考虑整体效果，确保各小组的能力水平相当，同时小组内部应存在一定的差异，这样才能在团队中形成有效的合作和分工，让优秀的学生带动其他学生一起进步。这种方式有利于缩小小组之间的差距，同时也能提升整体的探究效果。总的来说，自主探究是探究式教学中非常重要的环节，它旨在培养学生的实践操作能力、观察力和合作精神。

（四）分析总结

在探究式教学模式中，分析总结环节的主要任务在于对学生自主探究成果的收获和反思，这个环节的设计可以帮助学生从多角度去分析问题，打破思维的局限性，提高学生的合作和竞争意识，培养其团队意识，并在集体中发展学生的各项能力。

在分析总结环节，每个小组成员都应积极发表自己的观点，分享在探究过程中遇到的问题，讨论这些问题对实验结果可能产生的影响，针对结论是否还有疑问等议题进行深入探讨。然后，针对这些问题和疑惑，小组成员需要在讨论中提出可行的解决方案，并根据这些方案重新进行实验以进行验证。在所有小组都得出最终的探究结论后，教师需要组织各小组间的交流讨论，各小组分享他们的探究过程和结果。教师还应指导各小组相互评估、提出补充和完善的建议。然后，各个小组可以根据这些建议再次进行探究，以完善最终的结论。

四、探究式教学模式的设计原则

在探究式教学模式的设计和实施过程中，需要综合考虑多方面的因素。为了保证探究式教学模式的有效开展，一般要遵循以下几点原则，如图 3-1 所示。

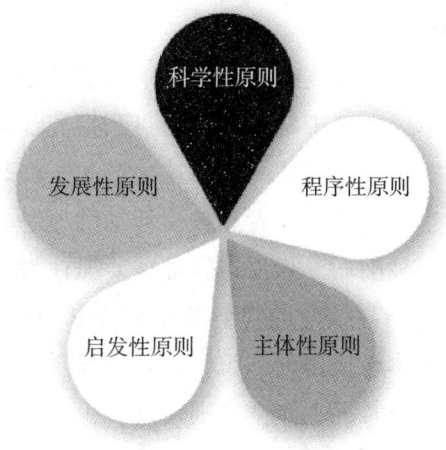

图 3-1 探究式教学模式的设计原则

（一）科学性原则

在探究式教学模式中，科学性原则是确保教学设计有效性的基本要求和原则，因为科学性原则要求根据学生的认知规律和能力水平进行设教学计，为学生提供一个符合他们认知水平和学习需求的学习环境。探究式教学的设计必须以学生已有的知识和经验为基础，逐步引导他们在他们的可学习范围内进行探究。如果教学内容超出了学生的认知能力范围，那么学生可能会觉得学习过于困难，其学习兴趣会下降，学习积极性也会受到打击。同时，教学设计也要充分考虑学生当前的认知特点，利用他们的认知方式进行教学，这就需要教师具有深厚的专业素养和对学生学习规律的理解，能够根据学生的个体差异和学习需求进行个性化的教学设计。

（二）程序性原则

程序性原则强调教学过程的有序性和连贯性，以及与学生认知发展的一致性。在学生学习过程中，知识的逻辑性和结构性对于他们理解新知识以及形成自身的认知架构至关重要，因此，探究式教学应合理地安排教学内容，且其顺序应遵循知识的逻辑结构，有效地促进学生对教学知识的理解和认知。一场有序和系统的教学活动可以帮助学生更好地理解和掌握知识，同时也可以保证教学过程的连贯性和完整性。在探究式教学中，教师需要根据学生的认知发展规律和知识的逻辑性来设计教学活动，包括活动的顺序和结构。

（三）主体性原则

主体性原则强调学生在探究式教学模式中的主体地位，要求学生能积极主动地参与学习，这不仅有助于培养学生的自我探究能力，还能引导他们形成独立的思考方式和解决问题的技能。在这个模式下，教师的角色从传统的知识传授者转变为学生学习的引导者和教学活动的设计者。这并不意味着教师在教学过程中的作用被削弱，相反，教师需要抓住教学过程中的每一个契机，为学生提供适时的指导，帮助他们独立完成学习任务。在这个过程中，教师的主要任务不再是单纯地传递知识，而是指导学生如何去学习，教给他们学习的技巧和方法。同时，主体性原则强调学生自我学习的主动性和自觉性，学生需要主动寻找问题、提出假设、设计实验和分析数据。这样的学习过程能够鼓励学生积极参与，发挥他们的主体性作用，使其充分体验并享受学习过程。

（四）启发性原则

启发性原则主张在探究式教学模式中引导学生主动发现问题，思考问题，进而独立解决问题，来提升他们的学习能力和解决问题的能力。这个原则充分体现了教师在教学过程中的启发作用，也强调了学生的主动学习和自我探究的重要性。

在新的课程改革中，这一原则得到了充分的体现和强调。在探究式教学模式下，教师的角色不再是传统的知识传授者，而是转变为学生学习的引导者，通过创设问题情境，引导学生自己发现问题，启发他们运用已有的知识和经验进行思考和探索。在启发性原则的指导下，教师需要为学生提供丰富多彩、典型、直观的教学资源，创设真实或者仿真的学习情境，以引发学生的思考。教师提出的问题应该具有技巧性和深度，能够真正地触动学生的思考，激发他们的探究欲望。而教师的任务则是在这个过程中发挥启发和指导的作用，帮助学生逐步建立自己的知识结构，培养他们的独立思考能力和解决问题的技能。

（五）发展性原则

发展性原则在探究式教学模式中占有重要的地位。这一原则主张在教学过程中，应以学生的全面发展为最终目标，不仅关注学生的知识掌握，还注重培养学生的学习能力、学习态度以及创新精神。

探究式教学模式的设计和实施，旨在激发和保持学生的学习兴趣，引导学生集中注意力，培养他们的问题发现和问题解决能力，以及实际操作和应用能力。通过这样的方式，教学过程不仅能传授科学知识，同时更能促进学生的个人能力和全面素质的提升。教师在进行教学设计时，需要根据学科的特点，以及学生的学习特性，设计出有利于学生全面发展的教学活动和教学方式。这样的教学设计，能够激发学生的积极参与，提高他们的学习效率，有助于培养他们的自主学习能力、团队协作能力和创新能力等。

五、探究式教学模式在高校教育教学中的实施策略

（一）创设问题情境，引导学生积极思考

创设问题情境是探究式教学的首要环节，它的成功与否直接影响着教学的效果和学生的学习兴趣。通过巧妙地设计和创设问题情境，教师可以激发学生的好奇心，引导他们积极投入探究学习中，培养他们自主发现和解决问题的能力。问题情境是一种充满问题和疑惑的学习环境，它是基于学生已知的自然现象和生活经验寻找并提出值得探究的问题，有助于学生将理论知识和实际生活紧密结合，理解和掌握知识，形成自我发现和解决问题的能力。创设问题情境的方式主要包括以下两种。

1.创设趣味性问题情境

趣味性的问题情境可以激发学生的好奇心，引发学生对环境中的问题或现象产生探究欲望。趣味性问题情境的设计旨在引起学生的情感反应，使他们对学习过程感到愉快和满足，从而提高他们的学习积极性，让他们积极地参与到问题的解决过程中去。趣味性探究情境不仅提供了一个生动实际的学习环境，而且可以引导学生从生活实际出发，理解和掌握学科知识，提升学习兴趣和学习动力。在这样的教学情境中，学生的探究欲望会得到最大程度的激发，从而使学生更有动力去发现问题，思考问题，解决问题。

例如，在物理课上，假设教授的是力的知识，教师可以设计一个趣味性情境：在一场足球比赛中，不同的力量和方向会如何影响足球的运动轨迹？为什么同样的力量，方向不同，足球的运动轨迹就会不同？这样的情境设计与学生的实际生活紧密结合，既能激发学生的学习兴趣，又能引导学生去深入思考力的性质和作用，最终使他们理解和掌握力的基本知识。

2.引发认知冲突

学生对于世界的理解和认知是在其生活和学习经历中逐步构建和发展的，这些理解和认知构成了他们的认知框架。当教学过程中出现的现象或问题与学生现有的认知框架相冲突时，就会产生认知冲突，学生就会尝试调整或扩展他们的认知框架以适应新的现象或问题，这就激发了他们的探究欲望和学习动力。

例如，在高校的心理学课程中，可以设计这样一个教学情境：在两个相同的玻璃瓶中各放入一个橡皮球，然后分别在瓶中注入冷水和热水。事实上，橡皮球在冷水中会下沉，在热水中会上浮。但是，这个结果可能与学生原有的认知相冲突，他们可能认为橡皮球无论在冷水还是热水中都应该浮起来。因此，这个教学情境就会引发学生的认知冲突，激发他们的探究欲望，让他们通过探究和学习来理解和接受这个新的现象，从而达到新的认知平衡。在此基础上，教师可以引导学生对这个现象进行深入探究，如讨论为什么橡皮球会在冷水中下沉，在热水中上浮，以及这种现象与水的温度有什么关系等。这样的教学活动，不仅可以帮助学生解决认知冲突，还可以进一步发展和扩展他们的认知框架，提高他们的学习能力和思维能力。总的来说，引发认知冲突是一种有效的教学策略，可以激发学生的探究欲望和学习动力，有助于他们的认知发展和学习进步。

（二）鼓励学生猜想，自主设计探究活动

探究式教学模式鼓励学生积极猜想，通过猜想来引发学生的思考，激发他们的探究欲望，从而深化其对知识的理解。学生的猜想可以反映他们的知识水平、认知能力和学习风格，对于教师理解学生的学习特点、调整教学策略具有重要的指导意义。例如，在一次生物课上，教师展示了一种奇特的植物，这种植物的叶子可以在夜晚关闭，白天再次打开。教师在课堂上鼓励学生对这种现象提出自己的猜想，有的学生猜想是光照的变化导致的，有的学生猜想是因为温度的变化，还有的学生猜想是因为这种植物的自身特性。通过学生的猜想，教师可以了解到学生对生物生态和生物体内生理机制的理解。在这个过程中，教师不仅需要认真听取学生的猜想，还需要给予适当的反馈和指导，如教师可以对学生的猜想进行总结和归纳，也可以针对一些猜想提出问题，引导学生深入思考。同时，教师也可以在必要的时候给予学生一些提示，帮助他们构建正确的认知。

在探究式教学模式中，学生的自主设计探究活动不仅可以培养他们的探究能力，而且可以更好地发挥他们的主体性。教师在此过程中扮演着至关重要的指导者角色，他们的职责并非仅仅是观察者，而是通过构建学生能够利用的"支架"，引导他们向正确的方向发展。例如，在一次地理课的探究活动中，学生被要求设计一个探究活动，研究地区气候和植被之间的关系。一组学生决定通过收集并分析不同地理区域的气候和植被数据来进行他们的研究。在此过程中，教师不仅要关注他们的设计思路是否科学，是否符合地理学的研究方法，而且还要提供必要的支持和指导，如提醒他们考虑数据的可靠性，解释如何进行合理的数据分析。

（三）小组合作交流，共同探讨总结提高

在探究式教学活动中，小组合作不仅可以帮助学生更深入地理解和掌握知识，还能培养他们的协作能力、沟通技巧和解决问题的能力。在小组探究活动中，学生通过集体讨论和分工合作的方式，进行问题的设定、方案的设计、方案的执行以及结果的分析和总结。这样的过程，强调了合作、交流和共享，使得每位学生都能在自己的角色中发挥出最大的作用，而且也能从他人身上学到不同的知识和技巧。

1.组建科学的合作小组

组建有效的合作小组是探究式教学成功的关键，教师不仅要考虑到学生的学业水平，也要关注他们各自的特点和能力。首先，学生的学业水平虽然是一个重要的考量因子，但更为关键的是他们的实际能力和潜力，有的学生学科成绩优异，理论基础扎实，而有的学生在实践操作上表现出色，动手能力强。这种差异性不应该被忽视，反而应被有效地利用。将不同能力的学生分配到同一小组，可以实现优势互补，共同进步。其次，小组的人数也需要合理控制。一般来说，每个小组以4～6人为宜。人数过多可能会导致一部分学生被忽视，不利于个体的发展；人数过少则可能会限制小组内的讨论和交流，影响学习效果。同时，每个小组的组成也需要有所差异，这样可以在小组内部形成良性的竞争，促进学生的学习与进步。最后，明确的分工也是提高小组效率的重要手段。教师应指导学生根据各自的特长和兴趣进行分工，以确保每个学生都能在小组中找到自己的位置，发挥自己的优势。合理的分工可以增强学生的责任感，激发他们的学习热情，同时也有利于提高小组的整体效率。

2.增强学生的合作探究意识

提高学生的合作探究意识是进行小组合作的基础，这种意识不仅有助于提升学生的团队合作能力，还可以增强他们对于集体的责任感和归属感。增强学生的合作探究意识可以从以下几方面入手。

一是教师需要向学生强调小组合作的重要性。合作学习不仅可以提升学生的学习效率，更能提高学生的社交能力和团队协作能力。在这个过程中，学生可以学习到如何有效沟通、如何解决团队内部的冲突、如何合作完成任务，这些技能对他们的个人发展和未来职业生涯都非常重要。二是教师要明确每个学生在小组内的角色，让学生认识到自己对于小组的贡献。每个学生都有他们的优点和特长，应该被鼓励在小组中发挥自己的特长。通过对个人角色的认识，学生可以更好地理解他们在团队中的位置，增强他们的责任感。三是培养学生的开放心态。在小组内部，每个成员都应该有机会表达自己的观点，同时也应该虚心接受他人的建议和批评。通过这种方式，学生可以学习到互相尊重、理解和包容的重要性，从而增强他们的合作探究意识。四是为了进一步增强学生的合作探究意识，教师还可以通过设立小组奖励制度，鼓励小组内部的协作和探究。这样可以激发学生的积极性，提高他们的合作探究能力。

3. 明确教师自身角色

在探究式教学模式中，教师的角色发生了重要的转变，他们不再仅仅是课堂知识的传授者，还是教学活动的组织者、引导者和促进者，这个角色转变对于推动探究式教学的成功实施至关重要。

教师作为组织者，需要有效地筹划和安排探究式教学活动，确保学生能够在一个有序、安全且富有成效的环境中开展探究活动。教师应当担任引导者的角色，在学生探究的过程中提供必要的指导，帮助学生解决遇到的问题，引导他们找到正确的思考和解决问题的方法。教师应当鼓励学生提出独特的观点和想法，对学生的观点和想法持开放和尊重的态度，包容学生不同的看法，正确指导他们的观点。教师作为促进者，应当关注每一个学生的发展，主动与学生建立良好的关系，尊重和理解他们的需求和感受。教师应该公平对待每一个学生，对成绩优秀的学生提出更高的要求，激发他们的潜力，对成绩较差的学生给予鼓励和支持，增强他们的自信心。同时，教师还需要建立学生之间的友好、平等和互助关系，促进学生之间的合作和交流，使他们能够共同进步。

第二节　体验式教学模式

一、体验式教学模式的相关概念解读

（一）体验

教育视域下的"体验"一词最开始引申于"经验"，杜威的《经验与教育》是体验式教学研究的启蒙，实际上，书中所提到的"经验"与一般意义上的经验不同，书中摒弃经验认识与理性认识二元论关系，反对理论与实践的二元论关系，主张体验是认知与情感相统一的，唯有通过经历才能生成体验[1]。

辛继湘所著的《体验教学研究》与杨四耕所著的《体验教学》是我国体验式教学研究领域具有较强代表性的著作。其中，辛继湘认为体验中有认知，

---

[1] 约翰·杜威，经验与教育 [M].姜文闵，译.北京：人民教育出版社，2005：1-7.

但不是单一的认知，体验与经验有所不同，经验可以通过亲身经历获得，也能通过他人传授获得，而体验必须以个体自身经历为基础才可以得以形成，因而体验具有生命本体论的内涵[①]。杨四耕认为体验是在对事物的真切感受和深刻理解的基础上，对事物产生情感、生成意义的活动[②]。

综合以上论述可知，教育领域中的体验与经验息息相关，两者密不可分，相互促进。

（二）体验式学习

体验式学习是一种深度学习方法，它着重于学习者在实际情境中亲自进行尝试和实践，从而获得知识和技能。

体验式学习有几个明显的特点。其一，学习者是感知学习过程的主体。他们通过自己的观察、实践和反思，对新知识进行构建和理解。这种自主的、积极的学习态度和过程使得学习变得更加有深度和个人化。其二，体验式学习的内容具有个人意义。这是因为学习者是通过亲自体验和实践，而非被动接受知识，从而使得所学知识与个人的经验、情境和感知紧密相连，具有更强的现实意义和应用价值。其三，学习者是将当下的体验与过去、未来的体验相联系的串联者。学习者通过反思自己的学习过程和结果，将各种体验相互关联，理解并应用所学知识，不断地调整和改善自己的行为和思维方式，形成持续的学习和发展。

（三）体验式教学

体验式教学与体验式学习是两个相辅相成但并不完全相同的概念。学习是个人的体验，是个体发生变化的过程，而教育更多的是教育者和学生之间的互动过程。体验式学习注重的是学习者自身的实践体验，而体验式教学则更多关注的是如何设计和引导学生进行有效的实践体验。

查普曼认为，体验式教学是一种让学生积极参与探索他们认为有意义的问题的教学方式，它强调学生在自己的实际体验中进行学习，使得学生能够从自身的经历中得出有效且有意义的结论，这种方式在很大程度上改变了教师的角色，使其从过去的知识提供者和解释者转变为学生实践活动的引导者

---

① 辛继湘.体验教学研究［M］.长沙：湖南大学出版社，2005：1-21.

② 杨四耕.体验教学［M］.福州：福建教育出版社，2005：1-9.

和协助者[①]。

比尔·普劳德曼则进一步强调了体验式教学的情感性。他指出，学生对于脱离实际经验的知识往往缺乏兴趣，因此，教学活动应将学生的直接体验与教师的引导性反思和分析相结合，从而形成一个具有挑战性的、积极的、以学生为中心的学习过程，在此过程中，学生将有机会采取主动并负责任的决策，体验和理解知识的实际应用和价值[②]。

体验式教学中，学生有无数的机会将身体与精神和灵魂联系起来，使他们的学习活动不仅仅局限于头脑的认知过程，而是涵盖了个人的全方位发展。体验式教学强调实践和体验，强调学生的主动性和参与性，强调知识与实际生活的紧密联系。此外，体验式教学并不局限于某个特定的地点或媒介，它可以在任何地方进行，可以借助任何类型的学习媒介。

（四）体验式教学模式

体验式教学模式是一种以学生的实践体验为核心的教学模式，它受到了情境和体验式学习理论的深刻影响，强调解决问题的过程并突出学习体验的生成。这种模式为教学活动提供了一套稳定的操作性强、步骤简洁的理论框架。

体验性是体验式教学模式的本质属性。在这种教学模式中，教师扮演的角色更多的是组织和引导学生进行实践体验的导师，而不再仅仅是知识的提供者。教师通过营造轻松、积极、充满挑战性的课堂氛围，鼓励学生积极参与各种学习活动，亲身体验问题解决的过程，然后进行反思，通过自我建构的方式获取和理解知识，从而充分体验学习的乐趣和成就感。

实用性是体验式教学模式的理想追求。在这种教学模式中，学生通过亲身参与解决实际问题，从而训练和提高他们的实践能力。学生在真实的情境中发现问题，提出问题，然后收集数据，分析数据，基于自身的经验从不同的角度和方面进行思考，最终得出结论。这个过程不仅促进了学生实践能力的提升，也提高了他们解决问题的能力，培养了他们的创新思维。

---

① CHAPMAN S, MCPHEE P, PROUDMAN B. What is Experiential Education?[J]. Journal of Experiential Education, 1992, 15(2): 16-18.

② CHAPMAN S, MCPHEE P, PROUDMAN B. What is Experiential Education?[J]. Journal of Experiential Education, 1992, 15(2): 16-18.

二、体验式教学模式的特点

体验式教学模式就是一种教师基于体验式教学理念，通过创设情境、提出具有思考性的问题、组织交流活动等方式，让学生充分理解学科知识、锻炼批判性思维、掌握知识迁移能力的教学结构框架，其具有以下特点，如图3-2所示。

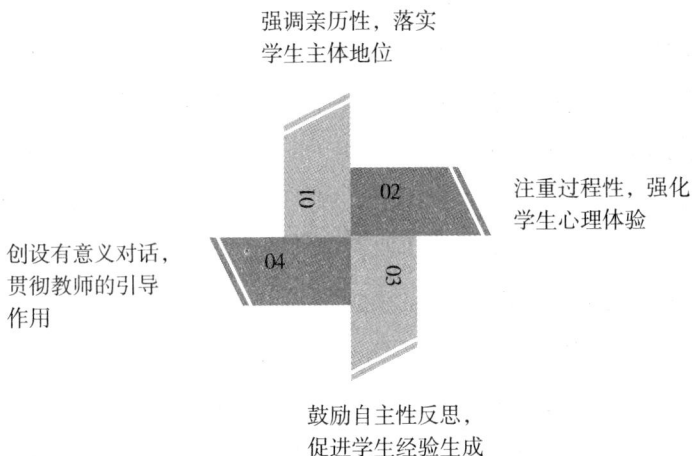

强调亲历性，落实
学生主体地位

01

02

注重过程性，强化
学生心理体验

创设有意义对话，
贯彻教师的引导
作用

04

03

鼓励自主性反思，
促进学生经验生成

图3-2　体验式教学模式的特点

（一）强调亲历性，落实学生主体地位

体验式教学模式在高等教育教学中的应用极为重要，因为它使学生不再是知识的被动接受者，而是主动的实践者和探索者。这种教学模式的本质在于"亲历"，包括身体意义上的亲历和心理意义上的亲历。其中，身体意义上的亲历主要包括角色扮演、参与游戏、实验操作等；心理意义上的亲历主要包括进行联想、进行想象、进行反思等行为。在实际教学中，学生的体验可以划分为两大类，分别为行为体验和心理体验，前者主要包括意志行为体验、无意识行为体验，后者主要包括认知体验、情感体验、意志体验。

体验式教学模式的首要前提是以学生为基础，而非以教师为主导。在这个模式中，学生的经验被视为知识建构的有效基础，学生在整个学习过程中，需要积极参与提出问题、调查、实验、解决问题，以及建构意义。这一过程中，教师的角色发生了转变，他们不再是知识的主要传递者，而是学生学习的指导者和引导者。教育者如果在处理体验活动时，过分强调自身的观点，剥夺了学生独立思考的权利，就会在一定程度上违背以学生为中心的教育理念。

因此，教师在实施体验式教学时，需要充分了解学生的认知基础，提供足够的生活情境供学生去探索，去实践。同时，教师需要在这些情境中为学生提供一些启示、一些有意义的洞察，帮助他们理解和把握知识原理，将知识与生活实践联系起来。知识不再只是纸面上的公式和定义，而是可以用来理解和改变现实世界的工具。另外，教师需要引导学生进行结构化反思，帮助他们将体验与理论联系起来，从而深化对知识的理解，提升运用知识解决问题的能力。

（二）注重过程性，强化学生心理体验

体验式教学模式在教学过程中赋予学生的行为体验与心理体验同等重要的地位。不同于传统教学模式以知识传递为中心，体验式教学模式的核心是过程，强调学生的实践体验和心理体验。任何对学生情感投入的重视不足的教学模式，从长远来看，都会降低其对学习者的潜在有效性。

在教学中，学生的心理体验贯穿了整个教学过程，涉及课前的预期、课中的实际感受和课后的反思。心理体验包括认知体验、情感体验和意志体验。其中，认知体验是学生在教师的引导和启发下，以已有的知识为基础，通过学习新的知识，使认知达到新的平衡；情感体验包括学生在学习过程中产生的各种情绪，如美感、理智感等，这些情绪可以增强学生的内驱力，激发他们的学习潜能；意志体验是指学生为了达成某个目标而产生的心理状态，这种状态具有目的性、效能性和稳定性。

体验式教学模式强调过程性，换句话说，教学的焦点不再只是结果，还包括学习的过程，这意味着教师要关注学生在学习过程中的思考、感受和选择，而不仅仅是他们的学习成果。学生的动机不再是来自教师的严格要求，而是他们自愿投入的热情和兴趣。为了实现这一目标，教师需要创造一个安全、尊重和充满赞赏的环境。当学生感到被重视和欣赏时，他们更可能深入探索和审视自己的价值观，从而增强学习的内驱力。同时，教师的评价也需要贯穿于整个学习过程。这不仅包括对学习成果的评价，更包括对学生学习过程的关注和反馈。

（三）鼓励自主性反思，促进学生经验生成

体验式教学模式强调"行动反思"，这种模式源于一个深刻的教育洞察：知识和理解并非由教师传递给学生，而是由学生通过自身的探索和思考来形成。教师的任务，更多的是提供学生所需的资源和指导，鼓励他们进行自主性反思，以促进他们的个人经验生成和知识的内化。

反思的过程要求学生深入地探讨和考虑他们的体验，以及这些体验如何影响他们对世界的理解。学生需要主动地由切身体验出发，重组感知，形成新的内在关系。这个过程的最终目标是，使学生从他们的体验中生成新的、属于他们自己的理解，以此形成新的知识，而不仅仅是记忆已经存在的信息。教师在这个过程中的作用，是提供一个环境，使学生已有的经验不断受到挑战。教师需要创造问题情境，使学生感到他们所学的知识与现实生活息息相关，这样就更有可能吸引学生的注意力，并激发他们去寻找答案。这样的教学环境鼓励学生走出他们的舒适区，去探索未知的领域，以实现知识的突破。教师还需要鼓励学生进行自主性反思。自主性反思是一个活跃的、有针对性的思考过程，它要求学生对自己的经验、观点和假设进行批判性的评价。通过自主性反思，学生可以发现并修正自己的错误，深化对新信息的理解，以及找出更好的解决问题的方法。

（四）创设有意义对话，贯彻教师的引导作用

体验式教学模式的基础是创设有意义的对话，这种对话模式不仅有利于学生对知识的深度理解，也能鼓励他们积极参与学习过程，挖掘自身的潜力，实现自我发展。通过有效的对话，学生可以共享和交换他们的看法，深化他们对课程内容的理解，而教师则可以通过倾听学生的观点，更好地理解他们的学习需求，优化教学策略。

在体验式教学中，教师的角色是对话的引导者，教师需要创造一个尊重差异、充满包容性的学习环境，让每个学生都有机会表达自己的观点，同时鼓励他们用开放的心态倾听他人的看法。需要注意的是，教师不仅需要鼓励学生参与到对话中，还需要教育他们如何进行有效的对话，如如何提出问题、如何回答问题、如何对别人的观点进行反思和批判。有效的对话不仅需要教师和学生的参与，还需要教育者之间的交流。教师需要及时反馈学生的学习情况，提供有效的教学建议，这样可以帮助他们改进教学方法，提高教学效

果。同样，学生也需要对教师的教学进行反馈，这样教师才能了解他们的学习需求，从而更好地满足他们的学习需求。

三、体验式教学模式的应用流程

根据体验式教学模式的性质和特点，可以将该模式的应用流程划分为六个步骤，如图 3-3 所示。

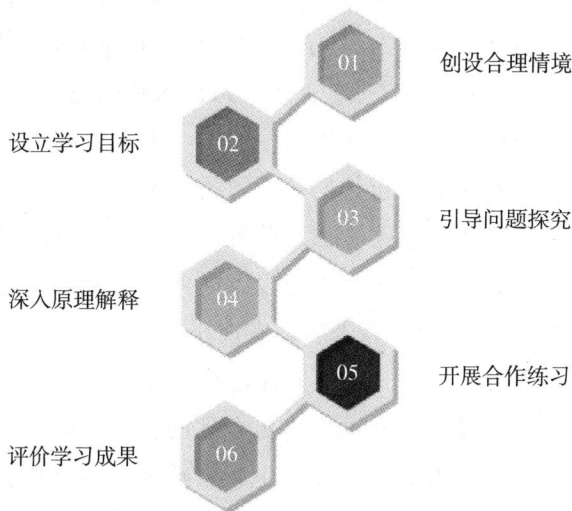

图 3-3　体验式教学模式的步骤

（一）创设合理情境

体验式教学模式以生动的情境设定为创新点，倡导通过模拟生活场景，引导学生进行身心全面的体验学习，进而达到知识的吸收和技能的提升。创设情境是体验式教学的开端，也是唤醒学生学习兴趣、引导学生主动参与的重要步骤。合理的情境需要与教学内容紧密相连，同时又充满生活气息，让学生能够自然地将自己置入其中。对于学生来说，这种情境是熟悉又新奇的，既容易引发共鸣，又能激发好奇心。同时，情境中的任务设计要有挑战性，但又不能超出学生的认知能力范围。这是因为，任务过于简单，学生缺乏挑战感，难以保持持久的学习动力；任务过于复杂，学生难以完成，容易产生挫败感，影响学习效果。教师在设计任务时，需要充分考虑学生的认知能力和兴趣爱好，既要保证任务具有一定难度，又要确保学生能够完成。

另外，情境创设要有趣味性，能够激发学生的情感参与。教师可以运用多媒体、角色扮演、小组讨论等方式，使得学习过程富有变化，充满趣味，引导学生在愉快的情绪中投入学习。同时，也要注重激发学生的社会责任感和团队精神，使他们在体验中学会合作、学会分享。

（二）设立学习目标

体验式教学模式鼓励学生作为自己的教师，引导他们从个人的经验中找出学习的意义。在这个过程中，学习目标的设定不再是单方面由教师决定，而是由学生自己参与其中，更符合他们的学习需求和兴趣。

让学生参与学习目标的设定是提高他们学习主动性的重要方式，因为由学生参与设定的学习目标更符合他们的学习需求和兴趣，能够增强他们的学习动机，让他们更愿意投入学习中去。此外，这种方式也能培养学生的自主学习能力和批判性思维能力。学生参与设定学习目标能够提高学习的针对性和效果。每个学生的学习情况和进度都有所不同，学生自己设定学习目标，可以让教学更加个性化，更好地满足每个学生的学习需求。同时，这也有利于教师了解学生的学习情况，从而做出更合理的教学安排。但是，让学生参与设定学习目标并不意味着完全放任学生，教师仍然需要对学生的学习目标进行指导，确保学生的学习目标是明确的、可实现的，并且与课程内容相符合。如果学生设定的学习目标过于宽泛或者难以实现，教师需要及时进行指导和调整。

（三）引导问题探究

引导问题探究是体验式教学模式的重要组成部分。通过引导问题探究，教师可以有效地促进学生主动学习，提高学生的问题解决能力，培养学生的创新思维和批判性思维，从而达到优质的教学效果。

提出问题是引导学生进入学习状态的重要手段，教师可以根据教学内容和学生的生活经验，设计一些与课程内容密切相关的问题，引发学生的思考和讨论。这些问题不仅可以激发学生的学习兴趣，也可以帮助学生理解和把握课程的核心内容。在问题探究的过程中，学生需要运用已有的知识和技能，结合自身的经验和理解，对问题进行深入的分析和解答。这不仅可以帮助学生将理论知识与实际问题相结合，提高理解和应用能力，也可以培养学生的批判性思维和问题解决能力。

同时，教师在引导问题探究的过程中，需要尊重和鼓励学生的个体差异和创新思维。每个学生对问题的理解和解答可能会有所不同，这种差异性并不是问题，反而是学习的资源。教师应该鼓励学生表达和分享自己的观点和想法，同时，通过引导和反馈，帮助学生反思和优化自己的答案。

（四）深入原理解释

在体验式教学模式中，深入原理解释环节旨在将学生从问题探究的具体经验中引导出来，帮助学生深入理解课程的基本原理和关键概念，从而建立起系统的知识体系。深入原理解释的过程并不是简单地向学生灌输理论知识，而是帮助学生通过自身的思考和实践，对理论进行深入的理解和应用。在这个过程中，教师的作用是引导和辅导，而学生则需要积极参与，运用已有的知识和经验，对新的原理和概念进行探索和研究。

深入原理解释的目的不仅是让学生理解和掌握新的知识，更重要的是帮助学生建立起自己的知识体系。教师应该鼓励学生将新学的知识与自己的经验和已有知识进行关联，从而形成一个内在的、连贯的知识体系。这种知识体系不仅可以帮助学生更好地理解和记忆新的知识，也可以提高他们的学习效率和学习深度。深入原理解释的过程是一个动态的、持续的过程，教师需要根据学生的学习进度和需求，及时调整教学策略和方法，提供适合学生的学习资源和学习环境。教师还应该利用各种教学手段，如讨论、示范、实验等，使得原理解释更加生动和直观，从而增强学生的学习兴趣和学习动机。

（五）开展合作练习

体验式教学模式中的开展合作练习环节旨在使学生巩固并应用已经获取的知识，通过合作解决问题的方式，增强学生对于知识的理解，锻炼他们的团队合作能力，同时也培养他们在实际生活中运用所学知识解决问题的能力。

开展合作练习的主要目的是让学生将理论知识应用于实践，通过具体的行动和练习来加深对知识的理解。这一过程中，教师的作用主要是指导和监督，提供必要的帮助和反馈，帮助学生将理论知识应用到实际操作中，增强他们的知识应用能力。开展合作练习的过程是一个以学生为中心的过程，教师应尊重学生的意愿和选择，鼓励他们主动参与，发挥他们的主观能动性。在练习中，学生需要相互合作，共同解决问题，这不仅可以提高他们的团队协作能力，还可以增强他们的社会交往能力。开展合作练习是一种有效的学习方法，通过合作解决问题，学生可以从多个角度看待问题，获得更全面的知识和信息，同时也能培养他们的批判性思维能力。

（六）评价学习成果

体验式教学模式中的评价学习成果环节旨在对学生的学习过程和结果进行全面、深入的评价，提供有价值的反馈，帮助学生了解自己的学习进度和提高学习效果，从而进一步促进学生的学习和发展。这一环节在体验式教学中占据重要地位，它不仅可以帮助教师了解学生的学习进展，也可以帮助学生理解他们自己的学习进程，对自己的学习有一个清晰的认识和评价。

评价的本质在于反馈，教师通过评价，向学生反馈他们在学习过程中的表现，对他们的努力和成就给予认可。在评价过程中，教师应注重挖掘学生的潜能，鼓励他们积极参与学习，并通过积极的反馈推动学生持续改进。体验式教学模式强调学习的过程而不仅仅是结果，因此，评价不应只侧重于学生的最终表现，也应关注他们在学习过程中的表现，如学生如何与他人合作、如何解决问题、如何应用新知识，这有助于让学生了解自己在学习中的优点和不足，从而改进自己的学习策略。评价应以学生为中心，这意味着教师应尊重学生的个体差异，以他们自身的进步为评价标准，而不是以统一的标准对所有学生进行评价，从而更真实地反映学生的真实能力和潜力。

另外，评价具有发展性，教师应通过评价，帮助学生发现自己的优点和不足，促使他们明确学习目标，不断努力，持续提高。评价的结果应成为改进学习的依据，而不仅仅是对学习的一个简单的反馈。

四、体验式教学模式的创新策略

（一）运用多种形式进行体验

1. 生活再现体验

（1）模拟情境。模拟情境通常是基于真实事件或时事热点，经过教师合理加工创造的情境。模拟情境允许学生在一个相对安全且无压力的环境中"体验"真实世界的情景。在模拟情境中，学生可以尝试解决实际问题，学习新的技能，或者更深入地理解某个主题或概念。

模拟情境的最大优势在于其高度的灵活性和可定制性。教师可以根据课程的目标和学生的需求，设计出不同类型的情境。例如，在商业课程中，教师可以设置一个虚拟的市场环境，让学生扮演公司管理者的角色，学习如何进行有效的决策和策略规划；在科学课程中，教师可以通过模拟实验环境，让学生亲自进行科学实验，感受科学研究的过程。通过模拟情境的学习，学生不仅可以将抽象的理论知识转化为具体的实践经验，而且还可以提高他们的批判性思维和问题解决能力。因此，模拟情境是一种非常有效的体验式教学方法。

（2）角色扮演。角色扮演是让学生通过角色扮演获得真实体验的活动。在角色扮演中，学生会被分配到特定的角色，并在一个设定的情境中扮演这个角色。通过这种方式，学生可以从不同的角度去观察和理解问题，从而获得更全面、更深入的学习体验。

角色扮演的一大优势在于它可以促进学生的同理心和社会技能的发展。在扮演不同角色的过程中，学生需要尽力理解和模仿这个角色的思维方式和行为模式，这有助于他们理解别人的立场和观点，增强他们的沟通和协作能力。另外，在扮演角色的过程中，学生需要自己创造角色的故事和情境，这不仅可以提高他们的想象力和创造力，激发学生的创新思维，而且还可以促使他们积极参与到学习过程中来。

2. 社会实践体验

（1）参观访问。参观访问是一种将课堂学习与真实世界相结合的有效方法，如参观科学博物馆以增强对科学知识的理解，访问历史遗址以深化对历史的了解，或者参观企业和工厂以了解行业运作。这样的参观访问为学生提供了一种动手的学习经验，使他们能够直观地看到理论知识在现实中的应用，从而增强学习的兴趣和深度。此外，参观访问还能促进学生的职业规划和发展，如参观相关行业的企业，可以让学生更清晰地了解自己未来可能涉足的职业领域，这有助于他们为未来的职业生涯做出明智的选择和规划。

（2）社会服务。社会服务是体验式教学模式中的另一种重要形式。通过社会服务，学生可以亲自参与解决社会问题，从而更好地理解和应用他们在课堂上学到的知识和技能。无论是帮助老年人，还是参与环保项目，社会服务都可以让学生在实践中增进社会责任感，提升他们的领导能力和团队合作能力。社会服务为学生提供了一个了解社会和与社会互动的重要平台，使他们能够直接接触和了解社会的多样性和复杂性。这不仅有助于他们开阔视野，培养全球视角，还有助于他们提升问题解决和决策的能力。

（3）社会调查。社会调查指的是让学生直接接触社会，收集和分析数据，理解和解决实际问题。在社会调查中，学生将运用他们在课堂上学到的方法和技巧，如数据收集、数据分析、批判性思维，去探索和理解社会现象。例如，在社会学或人类学课程中，学生可以开展一项关于本地社区的调查，以更好地理解社区的特征和问题；在商业或经济学课程中，学生可以进行市场调查，以了解消费者的需求和行为。

（二）虚拟现实技术在体验式教学模式中的应用

1. 虚拟现实技术在体验式教学模式中的优势

虚拟现实技术作为一种引领学习和教育领域创新的重要技术手段，其独特的优势已被教育者所认识和接纳。这种技术可以模拟各种真实情境，使学生有机会在安全的环境中进行实践操作，提供了一种全新的学习方式。通过虚拟现实，学生可以置身于虚拟的实验室中，进行各种仿真实验操作，亲身体验和掌握实验步骤和技巧，而无须担心实验的安全性问题。这样的学习方式，让理论知识和实践操作有了更好的结合，使得学生更能理解和把握学科的实质和核心。

首先，虚拟现实技术可以模拟各种真实情境，使学生有机会在安全的环境中进行实践，比如在虚拟的实验室里进行实验操作，或者在虚拟的现场进行紧急处理等。这不仅可以增强学生的实践能力，也可以提高他们的问题解决能力。

其次，虚拟现实技术可以提供个性化的学习环境，根据学生的需求和水平进行个性化教学，使每个学生都能在最适合自己的环境中学习。这种个性化的学习方式可以最大限度地发挥每个学生的学习潜力，提高他们的学习效率。

再次，虚拟现实技术还可以促进学生的全面发展。在虚拟的学习环境中，学生可以自由探索，自由创新，培养他们的自主学习能力和创新思维能力。同时，学生还可以通过合作完成任务，培养他们的团队协作能力和沟通能力。

最后，通过虚拟现实技术，学生也可以访问一些现实中难以接触的地方，比如宇宙空间、海洋深处，甚至历史的某个时期。这种超越时间和空间的学习体验，将会为学生的知识探索开辟新的途径，激发他们的学习兴趣，提高他们的学习效果。

2. 虚拟现实技术在体验式教学模式中的具体应用

（1）虚拟现实技术在创建模拟教学情境中的应用。虚拟现实技术在创建模拟教学情境中的应用是一个具有巨大潜力的教学策略，其创新之处在于，它提供了一个三维、全方位、身临其境的教学环境，使学生能够超越传统的二维教材，亲身进入学习情境中，丰富他们的学习体验，提高学习效果。

在虚拟现实的教学环境中，学生可以直观地观察和操作对象，了解其结构、特性和运动规律，这对理解抽象复杂的科学概念和原理大有裨益。例如，在化学教学中，学生可以通过虚拟现实技术来模拟原子和分子的结构、化学反应过程等，使得这些抽象的概念变得直观、形象；在历史教学中，学生可以通过虚拟现实技术，亲身体验历史事件，了解历史人物的生活情况，增强他们的历史意识。虚拟现实技术还能模拟出真实环境中难以实现的教学情境，如宇宙空间、深海环境等，这无疑是传统教学方法无法做到的。它能极大地拓宽学生的视野，激发他们的学习兴趣和好奇心，促进他们主动学习。

然而，虽然虚拟现实技术在创建模拟教学情境中具有这些优点，但在应用中也需要注意一些问题：一是虚拟现实技术的开发和应用需要一定的经费支持，这对于一些经济条件不够优越的学校是一个挑战；二是虚拟现实技术的使用需要学生具有一定的技术基础，这需要教师在教学中给予必要的指导和帮助；三是虚拟现实技术不能替代传统的教学方法，而应作为一种补充和扩展，以提高教学效果。

（2）虚拟现实技术在培养学生实践技能中的应用。虚拟现实技术在体验式教学模式中的应用已经越来越广泛，尤其在培养学生的实践技能方面展示出极大的优势。它能够模拟各种复杂情境，提供近乎真实的体验，从而促进学生的实践能力和创新思维的发展。

通过模拟的现实情境，学生可以在一个安全的环境中实践和探索。比如在模拟的实验室里，学生可以进行实验操作，尝试不同的方法和技术，即使出错，也不会造成实际的损失和危险。这种安全的实践环境让学生有更大的自由度去尝试和探索，从而提高了他们的实践技能和解决问题的能力。

在传统的教学模式下，学生的实践机会可能会受到资源和条件的限制。然而，通过虚拟现实技术，学生可以随时随地进行实践，不受时间和空间的限制。这种丰富的实践机会有助于学生更好地理解和掌握知识，提高他们的实践技能。另外，虚拟现实技术可以根据学生的需求和水平，提供个性化的学习环境和教学内容。比如通过虚拟现实技术，教师可以设计出针对不同学生的实践任务，从而满足他们的个性化需求，让他们在最适合自己的环境中学习和实践。

（3）虚拟现实技术在拓展教学资源中的应用。虚拟现实技术在教育领域的应用已经从概念阶段迈入实践阶段，特别是在体验式教学模式中，它在拓展教学资源方面的潜力已经被广泛认识和利用，具有深远的教育改革意义。

传统教学资源，包括教科书、参考书籍、实验设备等，受到物理条件、经济投入、技术手段等因素的限制。而虚拟现实技术，通过构建数字化、立体化、交互化的虚拟环境，打破了物质界限，使得原本无法触及、无法亲身体验的知识和技能变得触手可及。例如，在地理教学中，通过虚拟现实技术，学生可以亲身"游历"亚马逊雨林、撒哈拉沙漠，甚至火星表面，而不仅仅停留在课本描述和图片展示上；在生物课堂上，学生可以直观地观察细胞的构造、DNA 的分解与复制，甚至微观世界的生命过程。这样的教学资源，拓宽了为学生学习的深度和广度，极大地丰富了教学内容。

在教学资源的拓展方面，虚拟现实技术的优势还体现在其交互性上。在虚拟环境中，学生不再是被动接受信息的对象，而成为能够主动探索、实践的参与者。这种交互性让学生在真实的场景中实际操作，提升了他们的动手能力和解决问题的能力，使得学习过程更具吸引力和效率。

（4）虚拟现实技术在促进学生主动学习中的应用。虚拟现实技术能够提供丰富、生动的学习环境，激发学生的兴趣和好奇心。在虚拟环境中，学生可以亲身体验到历史事件、科学实验、地理环境等，从而激发他们对知识的好奇心和探索欲望。相比于传统的教科书学习，虚拟现实技术为学生提供了更直观、更引人入胜的学习方式，使他们更愿意主动参与到学习中来。虚拟现实技术可以提供交互式的学习体验，使学生从被动的信息接收者转变为主动的知识创造者，在虚拟环境中进行自由探索、操作和实验，通过自己的行动获取知识和技能。这种学习方式不仅可以增强学生的动手能力，也能提升他们的批判性思维和问题解决能力。另外，虚拟现实技术还能实现个性化学习，满足不同学生的学习需求，适应不同学生的学习节奏。在虚拟环境中，教学资源可以根据学生的兴趣、能力和学习进度进行调整，为每个学生提供独特的学习路径。这种个性化学习方式，能够让每个学生根据自己的需要和步调进行学习，从而增强他们的学习动力和自我驱动性。

（三）全力保证充分有效互动

1.教师提高综合素质

体验式教学模式的创新在高等教育中具有重要意义，而教师是推动这种创新的关键因素。教师在此过程中应发挥引导者和促进者的作用，鼓励学生在教学过程中发挥主动性。要实现这一目标，教师需要不断提升自身的综合素质，以促进教学过程中师生的充分有效互动。

教师需要具备深厚的专业知识和广阔的知识视野，这一点对于高校教师尤其重要，因为高等教育的目标不仅是传授知识，更是培养学生的独立思考能力和创新精神。教师应深入研究专业领域的新知，理解其内在逻辑和应用前景，以便在教学过程中引导学生深入探索、广泛应用。此外，教师还应关注跨学科和综合性问题，提升自己的知识整合能力，使学生能在学习中感受到知识的连贯性和统一性。

体验式教学要求教师以学生为中心，注重培养学生的主动性、创新性和实践性。因此，教师应了解和掌握以学生为主体的教学设计、组织和评价方法，能在教学过程中运用多元化的教学方式，激发学生的学习兴趣，引导学生进行自主探索和合作学习。同时，教师应具备良好的课堂管理和组织能力，能创设宽松、积极、公平的学习氛围，促进所有学生充分参与和有效交流。

教师不仅是知识的传递者，也是学生个性发展的引导者，是学生之间和教师与学生之间互动的协调者。教师应具备良好的语言表达和倾听技巧，能理解和尊重学生的个性和差异，激发学生的学习动机，提高学生的自我价值感。同时，教师还应具备团队合作和领导能力，能引导学生进行合作学习，促进学生的社会性学习。

2.提出有针对性的问题

在高校体验式教学模式的创新中，提出有针对性的问题不仅可以激发学生的学习兴趣和积极性，还可以引导学生主动探索知识，培养他们的思考能力和创新精神。

问题的设立要具备有效性，问题应与教学情境紧密相关，贯穿整个教学过程，并且与教学目标、教学重难点相一致。只有这样，问题才能起到引导学生学习的作用，帮助他们在解决问题的过程中深化对知识的理解和运用。例如，如果教学目标是让学生理解和掌握某一法律原理，那么问题的设计就应围绕这一法律原理展开，给学生提供适当的挑战和实践机会。

问题的设计要尊重学生的主体性，与学生的生活实际和思维水平紧密联系。在教学过程中，学生不仅是知识的接受者，更是知识的创造者和使用者，因此，问题的设计应考虑到学生的学习经验和需求，关注他们的情感反应和认知发展。例如，问题可以设立在学生的日常生活中，让他们在解决实际问题的过程中感受和理解知识的价值和意义。

问题的设计要具有一定的挑战性，让学生认识到自己已有的知识和经验还不能解决问题，从而激发他们的学习兴趣和探究欲望。这种挑战性应当适中，问题既不能过于简单，使学生感到无聊和不屑，也不能过于复杂，使学生感到困惑和挫败。只有这样，问题才能真正成为引领学生深入学习和自主探索的动力源泉。

问题的设计要具有开放性，能够引发学生的深度思考，激发他们的创新思维。开放性的问题通常没有固定的答案，需要学生运用自己的知识和经验，结合具体的情境和条件进行分析和评价，得出自己的解决方案。这样的问题不仅可以培养学生的批判性思维和创新能力，还可以让他们在解决问题的过程中体验知识的创新和运用，增强自主学习和合作学习的能力。

3. 教师加强引导监督

在高校体验式教学模式的创新中，教师的引导监督不仅能帮助学生更好地进行自主探究，还能使教学过程更加有序和高效。在体验式教学中，学生会积极参与学习过程，可能会提出各种预料之外的问题。教师需要提前收集并准备可能会在课堂上使用到的教学资源，预设学生可能会提出的问题，并思考如何回应和处理这些问题。有了充分的准备，教师可以更灵活地应对教学中的突发状况，保证教学顺利进行。

每一位学生都有自己的生长环境、个性需求和认知能力，他们的学习体验和想法都是独特的。教师需要平等对待每一位学生，尊重他们的个性差异，倾听他们的想法，关注他们的情绪，而不是只关注那些表现优秀或活跃的学生。对于一些理论性较强或具有强烈价值取向的学科，如果学生出现消极或负面的理解和感悟，教师需要适当地肯定学生的思考，而不是直接否定他们的观点。同时，教师还应鼓励学生从多角度思考问题，促进他们之间的交流和讨论，以此调动他们的学习积极性。

体验式教学的自主性和开放性可能会引发一些不可预见的问题，导致课堂组织混乱。因此，教师需要对课堂进行有效的管理，确保学生在有序的环境中进行学习。这包括鼓励不活跃的学生参与到活动中来，对行为散漫、随意、无目标的学生进行及时的提醒和批评，甚至可以制定课堂规则，以确保所有学生都能认真参与到学习中来。

第三节　任务驱动式教学模式

一、任务驱动式教学模式的内涵

任务驱动式教学模式是一种以学生为中心，关注实际应用技能的教学方法。在此模式中，教学过程是围绕一个具体任务或主题进行的，目的是让学生在实践中掌握和运用知识。这种教学模式倡导学生主动学习，发掘和利用各种学习资源，包括教材、网络、教师指导和学习案例等，以达成设定的学习目标。

在任务驱动式教学模式中，学生的学习动力主要源于对完成任务的强烈欲望。他们的目标不仅仅是获取知识，更重要的是通过实践和探索来应用所学的知识，并在过程中培养自主学习、团队合作和问题解决等能力。这种学习方式鼓励学生勇于探索，发挥主动性和创造性，从而形成持续的学习动力。

任务驱动式教学模式为学生创造了大量的实践机会，让他们在完成任务的过程中获取成就感。这种成就感可以激发学生的求知欲，推动他们继续探索和学习，形成一个良性的学习循环。总的来说，任务驱动式教学模式是一种强调主动学习、实践应用和持续进步的教学模式，它鼓励学生在学习过程中发现问题、解决问题，最终达到预定的学习目标。

任务驱动式教学模式深受建构主义学习理论的影响，充分展现了"教为主导、学为主体"的理念。在这个理论框架的指导下，教师和学生的角色都得到了明确和强调。教师不仅仅是知识的传递者，还应该是学习的组织者、情境的创设者、过程的引导者、资源的提供者以及意义建构的辅助者。他们的任务是创建真实的学习情境，设定具有目标性的任务，指导学生进行有效的学习。与此同时，学生在此模式中扮演着主体的角色。他们被鼓励进行主动的、个性化的和自主的学习，这对于培养他们的问题发现和解决能力极其重要。他们应该学会从实际情境出发，提出问题，分析问题，最终解决问题。

二、任务驱动式教学模式的特点

（一）以任务为主线

任务驱动式教学模式的一个显著特点是"以任务为主线"。这种模式符合人类的认知过程，是一种以目标为导向的教学方法，通过完成特定任务，来达到预定的教学目标。任务在这个过程中被视为一种学习活动的线索，它在整个教学过程中贯穿始终。

在这种教学模式中，"主任务"通常作为主导元素，引领整个教学过程，而"子任务"则作为构成模块，辅助完成主任务。这种主任务和子任务的结构使得教学活动更加有层次和有序，也更好地符合学生的认知能力和学习节奏。教师在设计这些任务时需要考虑到学生的认知水平，以确保任务的难度适中，既能挑战学生，又不会超出他们的能力范围。

任务驱动式教学模式强调在接受任务、执行任务和完成任务的过程中进行深入的学习。学生在这个过程中不仅可以获取和掌握相关的理论知识，还可以通过实践来提升自己的综合能力。任务的完成不仅要求学生具备相应的知识，更需要他们能够灵活运用这些知识，将理论应用于实践，解决实际问题。

（二）目标明确，可操作性强

任务驱动式教学模式的目标明确，具有强大的操作性，这一特点体现在教师根据教学内容精心设计的任务中，每个任务都紧紧围绕一个新的知识点和认知冲突，这些任务具有一定的弹性和开放性，使得任务的重点更加突出，有助于学生形成理论知识体系。

在这个教学模式中，任务不仅仅是教学的工具，更是学生获取新知识、解决问题、实践理论的平台。每个任务都充满了挑战，需要学生积极主动地探索解决问题的各种可能性，并选择最佳方案。在这个过程中，学生不仅可以增强他们的知识理解和应用能力，也可以锻炼他们的思考和决策能力。

在应用任务驱动式教学模式时，教师可以根据学生的特点和实际情况，调整任务的难度和内容，以保证任务对所有学生都具有吸引力。这种具有较强可操作性的教学模式鼓励学生以实践的方式学习和应用知识，使他们能够在完成任务的过程中，体验到学习的乐趣和成就感。

（三）注重培养学生的创新精神和合作意识

任务驱动式教学模式是基于建构主义教学理论的，它强调学生积极参与解决问题和完成任务，而非被动接受知识的灌输。这种多维互动式的教学模式将教学的重心从再现式教学转变为探究式学习，使学生处于主动的学习状态。在这个教学模式中，学生需要根据自己对当前任务的理解，运用已有的知识和特有的经验提出方案，解决问题。这不仅要求学生具有扎实的基础知识，还要求他们具有良好的问题分析和解决能力，以及优秀的创新思维能力。这样的学习过程可以极大地激发学生的学习兴趣和动力，使他们在主动求知的同时，培养创新精神。

在完成任务的过程中，学生需要相互协作，分享资源，共同解决问题，这不仅可以提高学生的团队协作能力，还可以培养他们的沟通和协调能力。由此可见，任务驱动式教学模式强调合作的重要性。

三、任务驱动式教学模式中任务的分类及特点

（一）任务驱动式教学模式中任务的分类

1. 探究形式的任务

这种类型的任务注重学生通过深入研究和探索来学习和理解新的概念或技能。通常，教师会提供一个问题或挑战，让学生通过研究、分析和解决问题来学习新知识。这种任务有助于培养学生的批判性思维和问题解决技巧。通过这种方式，学生能够在实践中学习，而不仅仅是在课堂讲解中接收信息。这不仅能提高学生的学习兴趣和参与度，还可以帮助他们更深入、更全面地理解学习内容。

2. 自主学习形式的任务

这种任务强调学生的自主学习能力。在这种任务中，学生需要根据自己的兴趣和需要自行选择和安排学习活动。教师的任务主要是提供指导和支持，

帮助学生建立有效的学习策略和方法，引导他们获取和处理信息，从而有效地学习。自主学习形式的任务可以培养学生的自主学习能力和自我管理能力，让他们学会自我调节和控制学习过程，培养他们的终身学习能力。

3. 概念图形式的任务

概念图形式的任务是指让学生用图形方式表示和组织知识的任务。在这种任务中，学生需要根据学习内容，用图形方式构建知识结构，展示知识之间的关系。这种方式可以帮助学生清晰地理解和掌握复杂的知识结构，增强他们的思维能力和创新能力。同时，通过绘制和分享概念图，学生可以更好地理解和记忆知识，提高学习效果。

上述三种任务形式都强调学生的主动参与和自主学习，有利于培养学生的思维能力和学习能力。教师在实际教学中，应根据教学内容和学生的实际情况，灵活运用和组合这三种任务形式，以提高教学效果。

（二）任务驱动式教学模式中任务的特点

在任务驱动式教学模式中，任务是整个教学过程的主导，因此任务的特点对教学效果有着重要的影响。这种模式下的任务通常具有以下四个特点，如图 3-4 所示。

图 3-4 任务驱动式教学模式中任务的特点

1. 真实性

真实性是任务驱动式教学的一个重要特点，因为只有在真实的环境中，学生才能将所学的知识和技能应用到实际生活中。这种真实性不仅体现在任务的内容上，也体现在任务的形式上。任务应该尽可能地模仿真实世界中的情境，这样学生在完成任务的过程中就可以体验到实际操作的感觉，进一步激发他们的学习兴趣和积极性。此外，具备真实性的任务也能帮助学生建立起对所学知识的深刻理解，提升他们解决实际问题的能力。

2. 开放性

开放性的任务意味着学生在完成任务的过程中，有多种方式和策略可以选择。这样的任务可以让学生充分发挥他们的创新思维和独立思考的能力，鼓励他们主动探索、自我学习。开放性的任务也能提供一个平台，让学生展示他们的个性和才能，激发他们的创造力和想象力。同时，开放性的任务也能让学生有机会学习如何与他人合作，提升他们的团队协作能力。

3. 可操作性

任务的可操作性是指学生在完成任务的过程中能够进行实际的操作。这样的任务可以让学生有机会运用所学的知识和技能，体验知识和实践的结合，从而增强他们的学习兴趣和积极性。可操作性的任务也能帮助学生培养他们的实践能力和动手能力，增强他们解决实际问题的信心和能力。

4. 适当性

任务的适当性是指任务的难度和复杂度应该适应学生的认知水平和学习能力，由此，学生才能在完成任务的过程中体验到适当的挑战，保持他们的学习动力和兴趣。适当性的任务也能帮助教师有效地管理和指导学生的学习过程，确保每个学生都能在学习中得到充分的发展和提升。

四、任务驱动式教学模式的原则

（一）处理好教与学的关系

处理好教与学的关系，倡导学生是学习的主体，教师是学习的组织者、引导者与合作者。在这样的环境中，教师与学生的角色有了新的定义和要求。教师不再是单一的知识传递者，而是转变为一个指导者和协作者。同时，学生也从被动的知识接受者转变为积极主动的学习者。

处理好教与学的关系，需要做到以下几点：一是教师需要设计精练、精准、精巧且具有挑战性的任务。一个好的任务应该能够吸引学生的兴趣，激发他们的好奇心，引发他们的学习行为，使他们全身心投入学习过程中。一个好的任务也应该能够扩展学生的视野，促使他们去探索新的知识领域，挑战自己的思维边界。任务设计的良好与否，往往决定了学生学习的效果和深度。二是教师需要让学生充分经历学习的整个过程。在学习过程中，学生可能会遇到各种疑难和挑战，这时，教师的作用就体现出来了。教师需要在关键时刻为学生提供指导，帮助他们解决问题，克服困难。同时，教师还应鼓励和激励探究型对话，促进学生间的交流与合作，提高学生的问题解决能力。三是教师要特别注重引导学生进行反思提升。学习的过程不仅仅是获取新知识，更重要的是通过反思学习的过程和结果，提高学习的效率和效果。反思可以帮助学生了解自己的学习状态，找出学习中的问题和不足，形成有效的学习策略，这种反思过程是学生获取新知识和新技能的重要环节。

（二）处理好过程与结果的关系

处理好过程与结果的关系，强调教师要充分认识到学生的学习是一个生动活泼、主动和富有个性的过程，过程和结果同样重要，既要注重学生的学习成果，也要注重学习过程中的思维训练和能力提升。处理好过程和结果的关系，可以从以下几方面入手。

一是教师需要给学生充分的时间和空间进行自主探究。教师的任务是设计出具有挑战性的学习任务，然后让学生去尝试、去研究、去解决。在学生探索过程中，教师应该尽可能少地引导和提示，让学生自主学习，独立思考，这样才能真正激发学生的探究热情和智慧。过程中的体验和实践，可以让学生更深入地理解和掌握知识，提升他们解决问题的能力。

二是教师需要重视学生学习过程中的反馈，促使学生思考、自我评估和调整学习策略。教师应该抓住课堂的每一个教学环节，引导学生思辨，培养他们的批判性思维。无论学生的答案是正确还是错误，教师都应让学生有机会把自己的想法表达出来，这样才能真正拓宽学生的思维深度和广度。

三是教师应花时间引导学生就关乎学习本质的重要方面进行交流和思辨。这种交流和思辨可以促进学生对知识的深刻理解，让他们理解学习的真正意义，并能提升他们的学习能力。教师可以引导学生参与小组讨论、报告展示等活动，通过这些活动，学生可以从不同的角度理解和应用知识，从而提升他们的综合能力。

五、任务驱动式教学模式的具体应用

（一）任务设置及实施

1. 课后学习内容

任务驱动式教学模式在课后学习内容的设计上，强调课堂学习的延续性和深入性。课后任务应设计为对课堂学习内容的扩展，让学生有机会将课堂所学应用到实际情境中。例如，教师可以布置课后阅读、写作、研究等任务，使学生能深入理解和掌握课堂所学的知识和技能。这种任务旨在鼓励学生自主学习，促进他们的独立思考能力和解决问题的能力的发展。

2. 个人学习任务

个人学习任务强调每个学生的独立学习，为学生提供一个自我探索和自我挑战的机会。在设置个人任务时，教师需要考虑到每个学生的兴趣、能力和学习风格，设置适度的挑战和合适的期限，从而激发学生的学习兴趣和积极性。个人任务的设计也可以涉及学习规划、时间管理和自我评估等自主学习技能。

3. 小组学习任务

小组学习任务鼓励学生通过团队协作完成任务，以提升他们的合作和沟通技能。在这种类型的任务中，教师可以设计一些需要团队合作的任务，如团队项目、团队研究等。这样的任务不仅能帮助学生了解协作的重要性，还能帮助他们提高解决问题的能力和创新能力。通过小组学习任务，学生还可以学习如何在团队中发挥自己的优势，如何进行有效的团队合作。

4. 学习任务的展示和评价

学习任务的展示和评价是任务驱动式教学模式的重要环节，它旨在帮助学生和教师了解学生的学习成果和进度。学生可以通过报告、展示或演示等方式展示他们的任务成果，展示的过程中，教师和同学可以提供反馈和建议。此外，教师还可以进行形式和内容的评价，以了解学生的知识和技能掌握情况。在评价过程中，教师应强调过程性评价，重视学生的学习过程和进步，而不仅仅是最终的结果。

（二）成果观察

1. 学生对任务驱动式教学的认可

任务驱动式教学模式让学生从被动接受知识转变为主动探寻知识，从而

使学习过程变得更具挑战性和吸引力。此教学模式注重解决问题的过程，让学生在实践中学习，培养独立思考和解决问题的能力，这种以实践为主导的学习方式往往能得到学生的高度认可。学生在完成任务的过程中，获得了新知识和技能，同时也会对学习更有兴趣和热情。因此，任务驱动式教学模式的应用，不仅可以提高学生的学习效果，还可以提高学生的学习积极性，使学生更加认可这种教学方式。

2.任务内容对学生产生影响

任务驱动式教学模式的任务设计与课程目标密切相关，且紧扣学生实际生活，使学生在学习过程中能够联系生活实际，使所学知识更有价值感和现实意义。通过这种学习方式，学生在完成任务的过程中，不仅学到了知识，也培养了一种积极的学习态度和良好的学习习惯。同时，任务的多样性和开放性可以激发学生的创新思维，有助于发展学生的综合素质和能力。总之，任务驱动式教学模式能够对学生产生深远的影响，包括学习成绩的提高、学习态度的改变以及综合素质的提升等。

3.结合所学专业对任务内容有了深入认识

任务驱动式教学模式能够让学生通过完成任务，对所学专业知识有更深入的理解和掌握。在任务设计中，教师可结合专业知识和实际情境，设计出既有挑战性，又与专业知识紧密相关的任务。在完成任务的过程中，学生不仅能运用和巩固所学专业知识，而且能将理论与实践相结合，对专业知识有更深入的认识。例如，商业管理专业的学生可能需要完成一个商业计划任务，这个任务需要他们运用所学的市场分析、财务管理等专业知识，制订出一份完整的商业计划。通过这样的任务，学生能更深入地理解这些专业知识在实际运用中的作用和价值。

（三）总结反思

1.课堂学习环节

课堂学习环节是任务驱动式教学模式的重要部分。教师应时刻检视课堂学习环节的有效性和效率。对于课堂的控制，教师需要找到一种平衡，允许学生有足够的自由去探索，同时保证课程的进度和目标能得以实现。在课堂教学的过程中，教师应定期反思学生参与程度、互动质量、知识传递的效率等，从而不断优化教学策略和手段。

2. 任务设计环节

好的任务设计能够激发学生的学习兴趣，帮助学生更好地理解和掌握知识。反思此环节，教师须考虑是否每一个任务都符合课程的目标，是否与学生的兴趣和需求相符，以及任务的难易度是否适宜。这种反思有助于教师改进和优化任务设计，以满足学生的学习需求。

3. 任务实施环节

任务实施环节是任务驱动式教学模式的主要部分，任务的实施与学生的学习成果直接相关。教师需要反思在任务实施过程中，学生的反应、学生的学习进展以及任务对学生学习的支持等情况，以寻找可能存在的问题，并思考解决方案。反思任务实施环节，能够帮助教师及时调整教学策略，提升教学质量。

4. 小组互评环节

小组互评是任务驱动式教学模式中的重要环节，能帮助学生提升批判性思维和合作能力。然而，这个环节也可能出现问题，如评价欠缺公正性、有效性等。反思此环节，教师需要评估评价系统的公正性和有效性，同时还需要关注学生在评价过程中的表现，以提升这一环节的效果。

第四节 "慕课 + 翻转课堂"教学模式

一、"慕课 + 翻转课堂"教学模式的应用机理

慕课是指大规模在线开放课程，学生能够通过讨论交流、完成作业、观看视频、网上学习等方式获取知识，完成既定的学习任务，并且学生在网络学习中所获得的学分会得到学校的认可。"慕课 + 翻转课堂"教学模式的应用机理是结合慕课和翻转课堂的教学方法，以提高学生的学习效果和参与度。该模式的应用机理涉及课前学习、课堂探究和课后巩固等方面。

课前学习是"慕课 + 翻转课堂"教学模式的基础。学生在课前通过慕课平台进行预习，阅读相关资料，观看教学视频等，建立对学习内容的基本认知。这样做的目的是让学生在课堂上更好地理解和探究知识，而不是单纯地接受知识的传授。课前学习提供了一个个性化和自主学习的机会，使学生能够根据自身的学习节奏和需求，有针对性地进行学习准备。

课堂探究是"慕课＋翻转课堂"教学模式的核心。在课堂上，教师不再是简单地进行知识传授，而是扮演引导者和促进者的角色。教师通过布置问题、组织小组合作、展开讨论等形式，引导学生进行深入思考和交流，使学生积极参与课堂活动。学生在课堂上分享和表达自己的思考和观点，通过合作与互动，共同探索和解决问题。这种积极地参与和互动能够提高学生的学习动力和兴趣，促进他们对知识的深入理解和应用。

课后巩固是"慕课＋翻转课堂"教学模式的重要环节。学生在课堂上进行了探究和交流后，需要对所学知识进行回顾和巩固。慕课平台提供了丰富的学习资源和作业，学生可以通过完成作业、参与在线讨论等方式对学习进行巩固和反思。同时，教师也可以通过慕课平台对学生的学习情况进行跟踪和评估，及时提供反馈和指导，帮助学生进一步提高学习效果。

二、"慕课＋翻转课堂"教学模式的应用策略

（一）前端分析和课前学习设计

前端分析阶段需要教师对自身的教学设计能力、教育理念、教学思想以及课程要求进行全面的分析，以明确课程开设后学生学习和教师教学可能遇到的各类问题。同时，教师还需要结合新教学模式，对原有的教学计划、教学体系和教学目标进行优化和调整，以使其更符合当前的教学模式要求。

课前学习是"慕课＋翻转课堂"教学模式的重要组成部分。在课前学习阶段，教师对观看视频、同伴互评、客观测验、论坛讨论等教学活动进行分析，并对慕课课程的内容进行优化。在课前学习环节，教师还需要制定相应的课程目标、反馈机制和合作机制，以确保慕课资源得到充分利用，并使课堂教学效果得到快速提升。

（二）翻转课堂活动设计

在"慕课＋翻转课堂"教学模式中，针对不同课程内容、性质和教学目标，教师需要灵活调整不同课堂教学环节的比重，以满足学生的学习需求。基于这一目标，可以将课堂活动设计划分为练习导向、对话型和探究型三个方面。

1.练习导向的课堂活动设计

练习导向的课堂活动旨在通过多元练习来培养学生的实践能力。在这种

模式下，学生通过课前学习已经初步了解了基本的原理和概念。教师可以提前整理学生的学习数据，明确学生的学习情况。在课堂上，教师可以通过设计有针对性的练习题，帮助学生巩固知识、提升实践能力。教师在设计练习题时需要深入分析题目，确保题目的难度和形式与学生的学习情况和需求相契合。同时，教师还可以设置练习竞赛、小组合作等活动，增加学生的学习动力和参与度。

2. 对话型的课堂活动设计

对话型的课堂活动主要针对理论类课程中学生对复杂知识点、难点理解困难的情况。在实践应用中，教师需要回顾课前学习的内容，并补充相关的知识点。接下来，教师将学生划分为不同的学习小组，并根据教学目标提出讨论话题，帮助学生以对话的方式深入理解重难点知识。教师可以引导学生提出问题、分享观点、互相讨论，通过多角度、多层次的交流，促进学生对知识的深入理解。此外，教师还可以担任辅导员的角色，为学生提供必要的指导和解答。

3. 探究型的课堂活动设计

探究型的课堂活动强调学生的主动学习，主要针对理论知识繁多的课程。在这种模式下，教师应通过提出相应的课堂任务，引导学生利用教材和移动智能设备等资源，全面、深入地探究知识。与对话型课堂活动不同的是，探究型活动更注重学生的探索和发现，而非对理论知识的简单理解。教师可以通过情境设置、问题引导等方式调动学生的探索积极性，激发学生的学习兴趣和思考能力。学生可以通过实验、观察、调查等方式进行实际操作和实践，从而全面理解和应用所学的知识。

（三）翻转课堂的评价设计

在"慕课＋翻转课堂"教学模式中，评价体系的设计对于有效应用该教学模式具有重要意义。传统的评价体系往往以知识评估为主，无法充分适应"慕课＋翻转课堂"模式的特点和教学目标。因此，高校需要革新评价体系，确保评价与新教学模式相匹配。

在"慕课＋翻转课堂"模式中，教师评价的侧重点会有所不同，如理论知识的理解、理论知识的探究和实践能力的提升等。如果评价体系仍以知识获取程度为评价指标，就会导致学生只追求知识记忆而不注重理解和能力提升。因此，教师应将学生素质和能力作为主要的评价导向，注重对学生的综合素质和能力的评价，如思维能力、合作能力、创新能力等。

评价体系需要丰富多样。教师应将同伴评价、教师评价结合起来，将终结性评价和过程性评价结合起来，将定量评价与定性评价结合起来，以使评价过程更加科学、完整、有效和全面。同伴评价可以通过学生之间的互评和小组评价来促进学生的合作学习和自主学习，教师评价可以通过教师的指导和反馈来提供专业的指导和建议。

在评价体系的制定过程中，教师还应制定两套评价标准，即课前学习评价标准和课堂学习评价标准。在课前学习阶段，教师可以着重评价学生的知识掌握能力，通过课前作业、在线测验等方式进行评价；而在课堂学习阶段，教师应评价学生对知识的理解、应用和探究能力，可以通过课堂讨论、项目作业等形式进行评价。

另外，评价结果应充分发挥评价体系的诊断功能。评价结果不仅是对学生的学习成果进行的总结和归纳，还可以成为促进"慕课＋翻转课堂"模式发展的动力。通过评价结果的分析和反馈，教师可以了解学生在学习过程中的优势和不足之处，从而针对性地调整和改进教学策略和活动设计。同时，教师还可以根据评价结果为学生提供个性化的学习指导和支持，帮助他们进一步提高学习效果和能力水平。

第五节　对分课堂教学模式

一、对分课堂教学模式的优越性

对分课堂教学模式是一种以学生为中心的教学模式，强调学生的主动参与和合作学习。它在传统的教学模式基础上进行了创新和改进，注重培养学生的创造力、批判性思维和解决问题的能力。下面将详细介绍对分课堂教学模式的优越性。

首先，该教学模式能够培养学生主动学习和自主学习的能力。传统的教学模式常以教师为中心，学生被动接受知识。而对分课堂教学模式鼓励学生积极参与学习，培养他们的自主学习能力。学生在教学中成为主动的知识探索者和学习管理者，在自主学习和解决问题的过程中提高学习效果，增强学习动机。

其次，对分课堂教学模式注重培养学生的合作与交流能力。学生在这种教学模式下通过小组合作、讨论和互动，互相学习、互相促进。他们共同解决问题，共同探索知识，通过合作与交流培养了团队合作和社交能力。这种合作与交流能力对于学生未来的工作和生活都具有重要意义。

最后，对分课堂教学模式培养了学生的创造性思维和创新能力。学生在自主学习和合作中有更多的机会展示自己的想法和创新思维。他们在解决问题的过程中需要思考、分析和评估，培养了批判性思维和创新能力。这种能力的培养对于学生的创新能力提升和职业发展至关重要。

二、对分课堂教学模式的具体应用策略

（一）教师认真"精讲留白"

"精讲留白"强调教师在教学过程中应将知识点进行深入浅出的讲解，同时保留一定的空白，让学生自主探索和思考。这种方法既充分利用了教师的专业知识，又激发了学生的学习兴趣和思维活力。

1. 精讲部分

在对分课堂模式中，教师的角色是引导者和学习者。因此，"精讲"部分主要是教师将自己对课程内容的理解和研究，通过精练和有针对性的讲解，传达给学生。精讲的目的是在有限的时间里，给予学生清晰的知识结构和理解，从而为他们后续的自主学习奠定基础。教师在精讲过程中，应强调重点，注重逻辑，用学生易于理解的语言进行讲解。此外，精讲部分还应结合实例和生活经验，使得抽象的理论知识更具有生动性和实用性。

2. 留白部分

"留白"是对分课堂的第二部分，也是此教学模式的核心之一。这部分强调的是学生的自主学习和探索。教师在"留白"中的作用是提供学习资源，设置学习任务，引导学生思考，并及时给予反馈。在这一过程中，学生需要对教师在精讲部分提出的知识进行深入的理解和应用，也需要主动发现问题，探索答案。这一过程有助于学生养成主动学习的习惯，提升他们解决问题的能力，同时，也能使他们对知识有更深入的理解和应用。

3.精讲留白的协同

"精讲留白"不是两个孤立的环节，而是一个互动和相互补充的过程。教师在精讲环节中，要引导学生注意关键和难点，引导他们进行思考和探索。同时，留白环节中的学生活动和反馈，也会为教师的精讲提供重要的信息。通过观察学生在留白部分的反馈和表现，教师可以及时调整教学策略和内容，以更好地适应学生的学习需要。同时，这种反馈也可以帮助教师理解学生的学习状况，了解他们在学习过程中遇到的困难，从而提供更有效的教学帮助。

（二）学生深度"内化吸收"

对分课堂教学模式的实施，不仅依赖于教师的精心讲解，更重要的是学生能够通过主动学习深度"内化吸收"知识。这涉及两方面内容：一是挑选优质的拓展性教学资源，二是精心设计理想的作业。

1.挑选优质的拓展性教学资源

（1）教学资源的重要性。在对分课堂教学模式中，优质的拓展性教学资源对于学生的"内化吸收"至关重要。优质的教学资源可以丰富学生的学习经验，激发他们的学习兴趣，鼓励他们进行深入的思考和探索。

（2）选择拓展性教学资源的原则。选择拓展性教学资源时，首先需要注意的是资源的质量。教学资源应该是科学的、准确的、最新的，能够反映出学科的前沿和动态。其次，教学资源应具有足够的拓展性。也就是说，教学资源不仅要涵盖课程标准要求的内容，而且要能够引导学生进行更深入的学习和探索。最后，教学资源还应具有一定的挑战性，能够激发学生的学习热情和求知欲。

（3）如何挑选拓展性教学资源。教师可以通过多种方式来获取和挑选优质的拓展性教学资源。一方面，教师可以利用网络和图书馆等资源，搜集最新的学科资料和研究成果，将这些信息转化为教学资源；另一方面，教师也可以利用教育软件和在线教育平台，找到适合学生的学习视频、模拟实验等教学资源。

2.精心设计理想的作业

（1）作业的重要性。在对分课堂教学模式中，作业是学生学习的重要组成部分。作业不仅可以帮助学生巩固和深化在课堂上学到的知识，还可以培养他们的独立思考和问题解决能力。

（2）设计理想作业的原则。设计理想作业，首先，要与学生的学习阶段和能力相适应。作业的难易程度要适中，不能过于简单，也不能过于复杂。其次，作业要有助于学生的深度学习。也就是说，作业不仅需要考查学生对知识的记忆和理解，更重要的是要考查他们的分析、评价和创新能力。最后，作业还应具有一定的实用性和趣味性，让学生在解决实际问题中学习和成长。

（3）如何设计理想作业。在设计作业时，教师可以结合教学目标和教学内容，设计出多种形式的作业，如笔头作业、实验作业、小组项目等。其中，笔头作业可以帮助学生巩固基础知识；实验作业可以让学生亲手操作，理解抽象理论；小组项目则可以培养学生的合作精神和问题解决能力。此外，教师还可以根据学生的兴趣和专长，设计个性化作业，使每个学生都能在作业中找到适合自己的挑战。

（三）生生参与"讨论总结"

学生间的"讨论总结"的主要目标在于学生通过相互讨论和合作，将学习的知识进行整合，提升理解，共享视角，并在这个过程中提升团队合作和交流技能。

1. 讨论的价值

讨论是一种非常重要的学习方式，它可以帮助学生整合他们从课堂教学和自主学习中获取的知识，从而达到深化理解和内化知识的目的。讨论也可以让学生听到不同的观点和想法，拓宽他们的视野，提高他们的批判性思考能力。此外，讨论还可以培养学生的团队合作和交流技能，这些技能对于他们未来的学习和生活都是非常重要的。

2. 讨论的形式和策略

讨论可以采取多种形式，如小组讨论、全班讨论、线上讨论等。无论采取哪种形式，教师都需要精心设计讨论的题目和过程，以确保讨论的效果。首先，讨论的题目应与课程内容紧密相关，具有一定的挑战性和探索性；其次，教师需要明确讨论的目标，设置合理的时间限制，并在必要时对讨论过程进行引导；最后，教师需要对讨论的结果进行总结和反馈，让学生看到他们的努力得到了回报。

3. 总结的重要性

在讨论环节之后，教师需要引导学生进行总结。总结是整个学习过程的反思和提炼，是学生思考、理解、记忆和应用知识的重要环节。总结不仅能帮助学生梳理和整合知识，还能让他们看到自己的学习成果，从而增强他们的学习信心和动力。

4.如何进行有效的总结

进行有效的总结，首先，要对所学知识有一个全面和深入的理解。这就需要学生在总结前，将课堂学习和自主学习的内容进行整合，形成自己的思考和理解。其次，总结应该是有结构的，有逻辑的，能够清晰地展示知识的层次和联系。为此，学生可以使用图示、思维导图、流程图等方法，将复杂的知识结构化、简化。最后，总结应是反思的过程，学生需要思考自己的学习过程和结果，明确自己的优点和不足，制定下一步的学习计划和目标。

在讨论和总结环节，教师的角色是指导者和引导者。他们应激发学生的讨论热情，鼓励他们提出自己的观点和想法，引导他们深入思考和探索。同时，教师还应帮助学生进行有效的总结，指出他们的优点和不足，引导他们进行自我反思和改进。

第六节　教学模式创新与创新型人才培养的关系

一、教学模式的创新有助于培养学生独立思考的能力

在 21 世纪的信息化社会中，传统的以教师为中心、教师灌输知识的教学模式已经不能满足社会对人才的需求。人才培养的重心逐渐转向培养学生的独立思考能力和创新精神。作为创新的教学模式，探究式教学模式、任务驱动式教学模式强调让学生在完成一系列具有挑战性的任务的过程中学习新知识、新技能，鼓励学生自主学习，独立思考，尝试解决问题。

独立思考是形成创新思维的基础，创新思维是推动社会进步的重要动力，也是个人在职业生涯中取得成功的关键因素。在独立思考中，学生可以学会从不同的角度审视问题，在众多的信息中甄别出关键性的内容，在已有知识的基础上进行逻辑推理，以产生新的想法和解决方案，这有助于促进学生的成长与发展。当学生通过自己的努力解决了一个问题，他们会感到自豪，从

而增强学习的动力。同时，通过独立思考，学生还可以更好地理解和记住新知识，将所学知识和技能应用于实际生活中，从而使学习更具有意义。另外，在现实生活中，人们需要面对各种复杂的问题，需要进行决策，需要与他人协作解决问题。具备独立思考能力的人可以更快地理解问题，更准确地作出决策，更有效地解决问题。

二、教学模式的创新有助于提高学生问题解决能力

提高问题解决能力是教学模式创新的重要培养目标之一。创新性的教学模式通常要求学生在面对具有挑战性的问题或任务时，独立或合作地寻找有效的解决策略，从而大大提升他们的问题解决能力。在传统的教学模式中，学生往往被动接受教师传授的知识。然而，在任务驱动、问题驱动的教学模式下，学生必须积极主动地去思考问题、寻找答案，这种教学模式使他们更加主动地参与到学习中，使学习变得更加有趣和有挑战性。在寻找解决问题的策略时，学生需要评估不同的解决方案，分析其优点和缺点，以便选择最佳的策略。这种批判性思维不仅对学术研究有益，对于他们的个人发展和职业生涯也有深远影响。在解决实际问题时，学生需要将课堂上学到的理论知识与现实生活相结合，对所学知识有更深刻的理解。这种教学模式具有较强的实践性，能够极大地提高学生将知识转化为能力的效率。

三、教学模式的创新有助于激发学生创新精神和实践精神

在创新型教学模式下，学生常常需要通过各种实践活动，如项目制作、实验等，来学习和掌握知识，这不仅能培养他们的实践能力，还能激发他们的创新精神。

实践活动能够使学生将理论知识转化为实际操作，这一过程中，学生需要理解和掌握理论知识，然后思考如何将这些知识应用到实际的项目制作或实验中。这样不仅可以加深他们对理论知识的理解，而且还能帮助他们学会如何将知识应用到实际问题中，提高他们的应用能力和创新能力。

在项目制作或实验过程中，学生需要面对各种问题，他们必须寻找解决问题的新方法和新策略。这一过程可以使他们学会从不同的角度和方法去解决问题，鼓励他们敢于尝试新的方法和策略，从而激发他们的创新精神。在

项目制作或实验过程中，学生往往需要与其他人进行合作，他们需要学会共享资源、分工合作和沟通交流，这些都是非常重要的社会技能。在实践活动中，学生能看到自己的努力能够带来实际的成果，这种成功体验能够帮助他们建立自信心，鼓励他们在面对困难和挑战时，更有勇气和信心去尝试和探索。

四、教学模式的创新有助于强化学生跨学科思维

创新型教学模式可以促使学生跨越学科的界限，进行跨学科的创新思考。在现代社会，很多复杂的问题往往需要应用多学科的知识和方法来解决。因此，跨学科的思维能力是学生必须具备的重要能力，有助于他们成为具有创新能力的人才。在创新型教学模式下，学生需要运用不同学科的知识和方法来解决问题，这样可以帮助他们打破学科之间的界限，提高他们的跨学科思维能力。例如，一个设计任务可能需要学生运用艺术、工程和商业等多个学科的知识。在这个过程中，学生需要了解各个学科的知识和方法，同时还需要理解各个学科之间的关联性。这样的方式不仅可以帮助学生更全面地理解问题，而且还可以激发他们的创新思维，帮助他们发现新的解决问题的策略和方法。

五、教学模式的创新有助于促进个性化和差异化教学

尊重学生的个性差异、尊重学生的学习节奏和学习兴趣，是当前教学模式创新的重要理念。实施个性化、差异化教学，可以让每个学生找到适合自己的学习内容和方式，以激发他们的潜能，最大限度地发展他们的创新才能。

创新型教学模式尊重学生的个性差异。每个学生都有自己独特的学习方式和进度，对不同的教学方法和内容有不同的反应。创新型教学模式允许学生在一定范围内选择自己的学习路径，使他们能够根据自己的兴趣和能力进行学习，从而提高学习的积极性和主动性。例如，任务驱动式教学就允许学生根据自己的兴趣选择任务主题，自主探究，这无疑能够增强学生的学习动力。创新型教学模式强调根据学生的不同能力、兴趣和学习风格，设计不同的教学活动，以满足每个学生的学习需求。这种差异化教学方式有利于激发学生的积极性和创新精神，使他们在学习过程中体验成功，增强自信心。例

如，教师可以通过灵活分组、个性化任务设计、个性化评价等手段，满足不同学生的学习需求。

　　创新型教学模式的实施，可以更好地发掘每个学生的潜能，最大限度地发展他们的创新才能。每个学生都有自己的优点和长处，创新型教学模式通过个性化和差异化的教学方式，使每个学生都能在最适合自己的环境中发展和提高，尽可能地发挥自己的优点和潜能，培养创新精神和创新能力，为今后成为创新型人才做准备。

第四章　创新型人才培养相关理论

第一节　创新与创新型人才

一、创新的含义及价值

（一）创新的定义

"创新"一词最早源自拉丁语，原意有更新、创造新的东西以及改变三层含义。它是知识经济时代不断发展的产物，是一种被大力宣传和弘扬的理念。

熊彼特在其《经济发展理论》一书中首次提出了"创新"这一概念，他定义创新为"建立一种新的生产函数"，即将一种从未存在的关于生产要素和生产条件的新组合引入生产体系。这种创新由以下五种情况组成：采用一种新产品或产品的新特性；采用一种新的生产方法；开辟一个新的市场；掠夺或控制一种原料或半成品的新供给来源；实现任何一种工业的新组织或打破一种垄断地位①。但是，熊彼特的定义仅限于经济领域。社会各方面都在使用新方法、新举措来提高工作质量和效率，人们对创新的认识也不断深化，创新理论研究和探索不断加强，并从各自强调的侧面赋予创新不同的定义，使得创新的内涵逐渐拓宽，延伸到社会、经济、科教、文化、管理等各个领域，形成了理论创新、知识创新、技术创新、教育创新、制度创新、文化创新、市场创新、管理创新、组织创新等概念。

综合各个领域、各个研究中有关创新的定义，我国学者唐五湘在其《创新论》一书中对"创新"的含义作出了总结归纳，即创新是开发一种新事物的过程；创新是运用知识创造和引进某种有用新事物的过程；创新是接受一个组织或相关环境的新变化；创新是新事物本身，具体地说，指的是被相关使用部门认定的任何一种新的思想、新的实践或新的制造物；创新是从产生新思想到行动②。这些定义从多角度、多层次体现了创新的本质特征。

创新的内涵之广泛和复杂，体现了创新在现代社会中的重要性。创新不

---

① 熊彼特. 经济发展理论 [M]. 何畏，易家详，等译. 北京：商务印书馆，2020：66-109.

② 唐五湘. 创新论 [M]. 北京：中国盲文出版社，1999：1-3.

仅是经济发展的关键，也是社会进步的源泉。创新能够推动社会向前发展，提升人们的生活质量，使人类社会不断进步。因此，理解和掌握创新的内涵，对于人类在社会生活中进行创新实践，推动社会发展具有重要的理论指导意义。

（二）创新和创造的联系与区别

创新与创造联系密切，存在着相通之处和共性，但两者实质上又有明显区别，而且两者的关系更多体现在区别上。"创新"与"创造"两个词语，在很多情况下，人们习惯性地认为它们意思相近，甚至有时互换使用。但尽管两者在一定程度上相似，也不能混为一谈。

创新和创造的共性体现在它们都具有目的性、能动性、规律性、新颖性、发展性和价值性，这些都是创新和创造所必需的基本特质。教育领域对于创新和创造的使用常常相互替换，如创新意识和创造意识、创新能力和创造能力、创新思维和创造思维。

两者具有一些相似之处，它们之间的差异同样鲜明。一是创新并未要求是首创，它可以是对现有事物的改进或更新，但创造却强调首创性和独创性。也就是说，创新可以基于已有的基础进行，而创造则常常需要从零开始。二是虽然创新和创造都强调新颖性，但在水平和层次上，创新具有相对性和比较性，创造则突出开创性。换言之，创新可能只是在某个方面相对于现有的事物进行改进，而创造则需要产生全新的东西。三是创新强调的是事物的转型，即从一种形态或类型转变为另一种形态或类型，而不一定涉及本质的变化；而创造则强调事物的质变，即从一种事物变为另一种事物，存在着本质的变化。

从教育领域来看，创新的使用范围要比创造广泛。无论是在课程设计、教学方法还是在评价方式等方面，教育工作者都需要不断地进行创新。

（三）创新的价值

创新是一个国家发展的动力源泉，是一个民族繁荣兴盛的表现，其价值主要体现在以下几方面，如图4-1所示。

创新的价值

01　创新是科技发展
　　的动力和源泉

02　创新是社会发展
　　的内驱力

03
创新是知识经济发
展的原动力

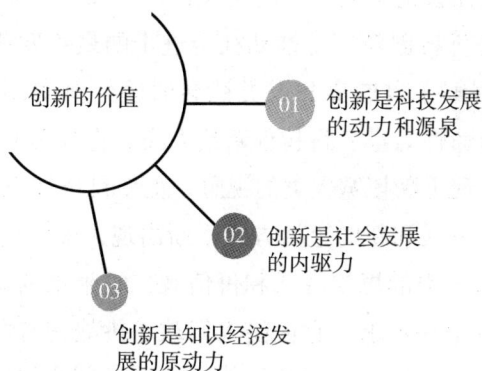

图 4-1　创新的价值

1. 创新是科技发展的动力和源泉

自古以来，人类文明的发展离不开科技的进步，而科技的进步则离不开创新。创新是科技发展的核心驱动力和源泉，科学的本质就是创新。科学是一种对客观世界的理解和探索，它鼓励人们去发现新的事实，创新性的科学知识推动了技术的创新，为之提供了源源不断的动能。

在科技发展中，创新的价值显而易见。首先，创新可以帮助人们获取新的知识，使之对客观世界有更深入的理解。每一次科学创新都是人们理解世界的方式的改变，如能量守恒和转化定律、生物进化论、细胞学说的科学创新，这些都让人类从经验科学走向了系统的理论科学，更加深入地了解了世界。其次，创新推动了科技的进步。创新性的科学知识促使技术不断改进和发展，如信息理论的创立改变了人们处理和理解信息的方式，极大地推动了计算机和网络技术的发展。最后，创新是推动社会进步的关键。每一个科学和技术的创新，都会带来生产力的提高、社会的进步、人类生活的改善。例如，DNA 双螺旋结构的发现推动了生物科学和医学的飞速发展，极大地提升了人类的健康和生活质量。

2. 创新是社会发展的内驱力

创新是推动社会发展和经济增长的内驱力和源泉，这一点无论是在西方经济学理论中，还是在马克思主义理论中，都得到了深入的探讨和阐述。创新的重要性已经深深地烙印在人类社会的发展史上，任何一个国家和民族的崛起都离不开勇于创新、善于创新的精神。反之，那些思想僵化、故步自封的国家和民族，往往会走向衰退，甚至灭亡。

创新，尤其是科技创新，是推动社会进步的最主要的力量。科技创新不仅使人们更好地理解了自然界和人类社会的运行规律，更是成为改变世界、推动历史前进的革命性力量。科技创新给人类的世界带来了前所未有的变化：新的科技发明和发现不断拓宽人类的视野，促使科技知识以指数方式增长；新的产品、新的生产方式和新的生活方式不断出现，极大地改变了人类的生活。创新深刻地影响着人类的思维方式和价值观，它带来的是一种对新知识、新观念、新方式的尊重和追求，它促使人们敢于挑战现有的认知，敢于改变固有的习惯和方式，敢于探索未知的可能。这种对创新的追求和敢于改变的精神，无疑对推动社会进步、提升民族素质、增强国家竞争力具有重大的影响。

另外，创新也是推动社会文明向前发展的重要力量。新的思想、新的理论、新的艺术形式的创新，不仅丰富了人类的精神文明，也推动了社会的进步。更重要的是，创新能够引导社会的发展方向，使人类社会的发展走向更加可持续的道路。例如，环境保护和绿色能源技术的创新，使人类有可能在享受物质文明的同时，保护好自己的地球家园。

3. 创新是知识经济发展的原动力

在全球化的当代社会，知识经济已经成为经济发展的主要驱动力，它的核心是智力资源，而智力资源的最本质特征就是创新能力。可以说，没有创新，就没有知识经济的进步。

知识经济的发展需要以科技为引领，科技创新是知识经济的重要推动力。无论是开发新技术，还是将已有技术应用到新的领域，科技创新都是推动知识经济发展的关键。科技创新可以创造新的产品、新的服务，也可以创造新的生产方式、新的经营模式，从而推动经济社会的发展。在知识经济时代，创新已经成为国家竞争力的核心，知识经济的竞争，本质上是科技创新能力的竞争。创新能力强的国家在全球经济中占有优势，能够通过不断创新，推动自身经济的发展，如美国等发达国家。反之，创新能力弱的国家在知识经济发展中处于劣势，可能会被边缘化。因此，对于任何一个国家来说，提升创新能力，尤其是科技创新能力，是发展知识经济的必经之路。我国虽然在科技基础和经济基础上存在一些不足，但通过科技创新，有可能充分利用全球化的机遇，调动全社会的知识资源，打破传统的产业模式，加快知识经济的发展。

　　现如今，我国在科技创新方面已经取得了一些突出的成就，如在航天、高铁、新能源等领域的发展，这些都是我国科技创新能力提升的重要体现。但是，我国的科技创新能力还需要进一步提升，由此我国才能在知识经济的全球竞争中占有一席之地。因此，我国在发展知识经济的过程中，必须注重培养和激发全社会的创新精神，以创新为引领，推动知识经济的发展。

二、创新型人才的内涵及特征

（一）创新型人才的内涵

　　创新型人才与创新出现的背景具有相似性，两者都是知识经济时代的产物。关于创新型人才的内涵，具体可以从创新精神、创新能力、创新人格三方面进行界定。

　　1. 创新精神

　　创新精神是创新的灵魂。所谓创新精神，是指能够综合运用已有的知识、信息、技能和方法，提出新方法、新观点的思维能力和进行发明创造、改革、革新的意志、信心、勇气和智慧。从创新精神角度来看，创新型人才是那些有着强烈探索兴趣和欲望的人，他们对现状不满足，总是在寻找新的、更好的方法和解决方案；他们善于发现问题和提出问题，对新事物敏感，对真知执着追求；他们的好奇心、探究兴趣和求知欲驱使他们对世界保持一种开放的态度，易于接纳新事物。

　　2. 创新能力

　　创新能力是创新的本质力量。所谓创新能力，指的是在技术和各种实践活动领域中不断提供具有经济价值、社会价值、生态价值的新思想、新理论、新方法和新发明的能力。从创新能力来看，创新型人才需要拥有扎实的基础知识，包括人文底蕴、科学素养和广泛的知识面；需要有较强的实践能力，这意味着他们不仅需要理解理论，还需要能将理论应用于实践中；需要有丰富的实践经验和出色的创新思维能力，在面对问题时，不仅要能提出新的看法和观点，还需要能够通过实践验证这些观点。

　　3. 创新人格

　　创新人格是创新型人才的核心要素，以非智力因素为主。在个体的创新实践中，智力因素与非智力因素交互作用，形成了超越自我的创新人格，这一人格成为创新的保障，是创新型人才形成的决定性因素，构成他们最主要的特征。

从更深层次来看，人格是一个个体在实践中形成的德和才的内在素质的融合体，包括世界观、方法论、价值观、道德品质、气质、个性心理品质和学识才能等元素。在构成创新人格的智商与情商之间，情商占据主导地位，这意味着非智力因素在创新人格中发挥了主要作用，这些非智力因素为创新型人才的成长提供了根本的条件。

综上所述，创新型人才是一种具有创新精神、创新能力及创新人格的人。相比于普通人，创新型人才表现出更加独立的个性、更加自由的心灵、更加旺盛的好奇心、更加敏锐的观察力、更加独特的思维、更加顽强的意志以及更加强烈的批判精神和超越欲望。

（二）创新型人才的特征

劳动者是生产力中极其活跃的因素，而创新型人才则是劳动者中较为进取、积极的成员，是先进生产力和先进文化的开辟者。在现代社会，创新型人才已经成为一个国家综合国力不可或缺的一部分，与国家发展、民族前途息息相关。那么，创新型人才具有哪些特征呢？

1.具有积极进取的开拓精神

创新型人才在面对挑战时，不会轻易放弃，而是积极主动地寻找解决方案。他们愿意尝试新的思维方式和方法，不满足于现状，敢于挑战既定的规则和常规。

2.具有崇高的道德品质和对人类的责任感

在追求个人目标的同时，创新型人才能保持高尚的道德风范，致力于实现公平、正义和人类福祉。他们清楚理解自己的工作或创新的重要性，并致力于为社会和人类作出贡献。

3.在急剧变化的竞争中有较强的适应能力

在今天快速变化和高度竞争的环境中，创新型人才需要能够迅速适应新的情况和挑战，持续更新自己的知识和技能。

4.具有深厚扎实的基础知识和广泛联系实际问题的能力

在具备深厚的专业知识的同时，创新型人才能够将这些知识应用到实际问题中去，这样可以产生真正的创新。

5.具有终身学习的本领

创新型人才可以意识到知识和技术是不断进步的，因此需要持续学习，以保持自己的专业技能与时俱进，从而适应科学技术综合化发展的趋势。

6.具有丰富多彩的个性

创新需要新颖的思维和独特的观点，这些往往来自个性鲜明的个体。创新型人才会拥有自己的观点，敢于提出和坚持自己的想法。

7.具有和他人协调与进行国际交往的能力

在全球化的今天，创新型人才需要能够有效地与不同文化、背景的人进行交流和合作，以实现跨文化的创新。

第二节　创新型人才成长的一般规律

一、创新型人才的分类

（一）从分布层次来看

创新型人才的分布层次广泛，涵盖了社会的各个阶层和领域，这些创新型人才可以划分为初级、中级和高级三个层次。

初级创新型人才主要存在于基层和日常生活中。他们可能没有显赫的职务或宏大的发明，但他们在日常工作和生活中不断寻求变革，为人类的生活带来新鲜的元素，提高效率或解决一些日常问题。这些人才在他们的领域内不断探索、持续学习，尝试新的方法，他们的创新行为看似微小，但却在推动社会的进步。

中级创新型人才通常在行业或领域内表现出色，他们通过深厚的专业知识和娴熟的技能，对现有的结构或系统进行改革创新，为行业的发展提供推动力。他们可能是企业的管理者，或是具有专业技能的工作者。他们在自己的领域内不断提出新的观点，引领新的趋势。

高级创新型人才是在科技、教育、艺术等前沿领域取得重大突破的人才。他们不仅具有深厚的专业知识，还具备开阔的视野和创新的思维方式。他们的创新行为通常影响深远，为社会带来重大的改变。

不论在社会的哪个层次，只要敢于探索、敢于变革，都能成为创新型人才。

（二）从分布领域来看

创新型人才的分布领域十分广泛，涵盖了科学研究、工程技术、企业经营管理和公共管理等各个重要领域。

科学研究领域的创新型人才是科学进步的推动者，他们在实验室里深耕研究，通过研究科学方法和理论，探索未知的领域，对已有的知识进行验证或更新，开创新的理论或方法，从而推动科学技术的发展。

工程技术领域的创新型人才是科技成果转化的实施者，他们以科学研究的成果为基础，通过技术创新和应用，将科学理论转化为实际的产品或服务，以满足社会的需求，推动经济的发展。

企业经营管理领域的创新型人才是企业竞争力的提升者，他们运用创新的管理理念和方法，优化企业的经营活动，提高企业的运营效率和市场竞争力，推动企业的持续发展。

公共管理领域的创新型人才是公共服务的优化者，他们运用创新的政策和方法，改进公共服务的提供方式，优化公共资源的配置，提高公共服务的效率和质量，以满足社会公众的需求。

（三）从发挥作用来看

根据创新型人才在实践中发挥的作用，大致可以将其分为两大类，即理论研究创新型人才和实践应用创新型人才。

理论研究创新型人才主要从事基础科学研究，他们深入探索科学原理，创造性地提出新的理论、新的观点、新的论断，开创科学新领域，推动科学理论的发展和进步。他们的工作主要在于增进人类对世界的理解，为科学的发展提供理论基础和前瞻性思考。理论研究创新型人才的创新活动往往会颠覆现有的科学理论，带来新的科学革命。著名的物理学家爱因斯坦就是理论研究创新型人才的代表，他创造的相对论在物理学界产生了深远影响。

实践应用创新型人才则主要将理论研究的成果应用到实际生活中。他们通过独特的思维方式和行动模式，将科学理论和技术创新运用到生产和生活中，为人们的生活带来便利，推动经济发展和社会进步。他们的创新成果通常体现在取得专利、新型实用、外观设计等的实用技术上。例如，乔布斯就是实践应用创新型人才的典型，他将创新性的设计理念和科技融入苹果产品中，大大改变了人们的生活方式。

二、原生家庭教养方式对创造力的影响

（一）家庭教养方式的分类

1.专制型

专制型的家庭教养方式以高度的控制和严格的规矩为特点。父母在这种环境中通常设定严格的规则，期望孩子完全服从。孩子的自我表达和自主性往往受到抑制。虽然这种方法在短期内产生了维持秩序的效果，但长期来看，可能会导致孩子对自我价值感产生怀疑，以及对权威的过度依赖或反抗。专制型家庭教养可能导致孩子内心压力较大、社交技能受限、自我表达受阻。

2.放任型

与专制型相反，放任型的家庭教养方式给予孩子极高的自由度，父母对孩子的行为几乎不加以引导或约束。尽管这种方式允许孩子自由探索和表达自我，但由于缺乏必要的指导和支持，孩子可能会感到迷茫和不安。他们可能会挣扎于理解社会规范，可能会有较差的自我控制能力，也可能缺乏对未来的规划和追求。放任型家庭教养可能导致孩子自我控制力差、责任感不足、社会适应性较差。

3.权威型

权威型的家庭教养方式在父母的规则设定与对孩子自主性的尊重之间找到了平衡。这种类型的父母会设定明确的行为期望，并通过解释和指导帮助孩子理解并达到这些期望。他们同时鼓励孩子的自我表达和自主性发展，对孩子的成长和学习持有鼓励和支持的态度。大量实践证明，权威型家庭教养对孩子的发展最有益，能够培养出有自信、有社会技巧、能够自我调控、有创新能力和自我实现能力的孩子。

这三种家庭教养方式各有其优缺点，且父母的教养方式并非刻板不变，而是可以随着孩子年龄、性格、需要和环境的变化而调整。理解这些教养方式和其可能产生的影响，可以帮助父母更加科学地对孩子进行教育和引导，有利于孩子的健康成长和创新思维的培养。

（二）原生家庭教养方式对孩子创造力的影响

1. 对孩子创造力有积极显著影响

原生家庭教养方式在很大程度上塑造了孩子的成长环境和心理发展背景，对孩子的创造力产生深远影响。一些教养方式可能对孩子的创造力产生积极和显著的影响。例如，家庭氛围民主开放、鼓励自由表达、接纳新观念、鼓励探索、允许错误并提供指导修正，都有助于孩子的创新思维和创造力的发展。父母的行为模式，比如解决问题的方式、应对困难的态度、对新观念的接纳程度等，也会通过孩子的观察和模仿影响孩子，进而促进或抑制创造力的发展。

2. 父亲的抚养方法对孩子的创造力有重要影响

在许多家庭中，父亲往往起到关键的作用，特别是在孩子性格塑造和世界观形成等方面。父亲的教养方式可能在很大程度上影响孩子的创造力发展。例如，父亲如果采用开放的、充满支持和鼓励的教养方式，尊重并鼓励孩子的自我表达和独立思考，可能会促进孩子的创新思维和创造力的发展；而如果父亲采用严格的、抑制自我表达的教养方式，可能会抑制孩子的创新思维和创造力。在现代社会，父亲的角色逐渐被重视，父亲在家庭教养中的影响力也越来越大。

三、创新型人才成长的一般规律

（一）内源性因素

内源性因素对于创新型人才的成长有着决定性的影响，主要指的是个人自身的特点和条件，如动力、目标、兴趣、方法、知识和能力结构、信息处理能力以及团队合作精神等。其中，个体的动力，尤其是对于成就的强烈渴望，是驱使个体进行创新的重要力量；科学的创新目标能引导个体的学习和研究方向，提供行为的导向；对创新具有浓厚和持久的兴趣能够保持个体对创新行为的持久投入；掌握科学先进的创新方法能够有效地提升个体的创新效率；知识和能力结构的优化则是创新型人才的基础，知识和技能是进行创新的工具和武器，而能力结构决定了个体处理问题和进行创新的方式和路径；信息处理能力的提高，使得创新型人才更能适应信息化社会的要求，更好地吸收和利用信息资源进行创新；团队合作精神则使得个体能够在集体创新活动中充分发挥其优势，提高创新的效率和质量。

（二）外源性因素

外源性因素是创新型人才成长的重要条件，主要指那些来自外部环境的有利条件和机制，如人文环境、社会机制、竞争机制、评价机制、知识产权管理机制等。其中，人文环境的影响无处不在，一个尊重人才、崇尚科学的社会环境，是孕育创新型人才的肥沃土壤；社会机制的作用也不容忽视，只有建立了公平、公正的社会机制，才能让人才脱颖而出，发挥其最大的价值；竞争机制的建立，使得创新型人才在竞争中不断提高自我，达到优胜劣汰的效果；科学的评价机制使得社会能够公正地评价创新型人才的价值和贡献，提高他们的社会地位；知识产权申报途径的完善，保护了创新型人才的创新成果，增强了他们的创新积极性。

四、创新型人才成长的特殊规律

创新型人才，与一般人才相比有其特殊性。创新型人才在成长过程中，既遵循一般人才成长的基本规律，也展现出自己独特的成才方式，以及特殊的成长规律。这些规律主要体现在以下几个方面。

创新型人才通常具有特立独行的性格，他们拥有独立思考的能力，敢于挑战传统，勇于追求新颖的观点和方法，不会被固有的观念所限制，常常能从不同的角度来看待问题，这使得他们能够在各种情况下找到独特而新颖的解决方案；创新型人才拥有超凡的价值观念和独特的人际交往方式，他们具有强烈的责任感和使命感，坚守诚信和公正，这使得他们在面对困难和挑战时，能坚持不懈、坚韧不拔，而且在人际交往中，他们善于倾听，尊重他人的观点，能够在和他人的交往中获取新的知识和启发；创新型人才拥有奇特的发散性思维方式，他们的思维不受框架限制，他们善于从多角度和多维度进行思考，寻找新的可能性，这种发散性的思维方式，使他们在解决问题时，能提出创新的、突破性的解决方案；创新型人才对事物具有强烈的关注度，对事物具有独特持久的兴趣爱好，具有独特的生活方式和工作方式，而且，他们对感兴趣的事物有着近乎痴迷的投入，愿意付出大量的时间和精力进行深入的研究，而且他们的生活和工作方式往往也与众不同，他们能在独特的生活和工作方式中找到自己的舒适区，并在此基础上不断探索和创新。

对于具有特殊性的创新型人才，需要扬长避短，允许他们在知识结构和能力结构上有自己的"短板",因为他们的"短板"往往是他们独特创新性的来源,是他们的特色和优势。只有全面系统地把握创新型人才成长的特殊规律,才能更好地解读他们的成长轨迹,更好地发挥他们的潜力,促进他们的发展,使他们为社会的进步和发展作出更大的贡献。

第三节　高校创新型人才培养的时代重任

一、适应和引领时代变革

在 21 世纪的信息化社会,科技、经济和社会的快速变化已经成为常态。在这样的环境下,高等教育机构面临着巨大的挑战,那就是如何适应并引领这些变化,培养出一种新型的、能够适应并引领这些变化的人才。

高校需要培养学生掌握新的知识和技能。在快速变化的科技和社会环境下,昨天的知识和技能可能在今天就已经过时了,因此,高校在培养人才的过程中,需要着重教授新的、前沿的知识和技能,让学生能够跟上时代的步伐。

高校需要培养学生的创新思维。在今天,简单的知识和技能已经无法满足社会的需求,社会更需要的是创新思维,即能够发现问题,提出解决问题的新方法,创造出新的价值的思维。高校需要通过各种方式,如课程设计、实践活动等,培养和锻炼学生的创新思维。

高校需要培养学生的协作精神和领导才能。在日新月异的今天,个人的力量已经远远不足以应对复杂多变的挑战,更需要团队的力量,因此,高校需要通过团队项目、社团活动等方式,培养学生的协作精神和领导才能。

高校需要培养学生的适应力。在快速变化的环境中,不仅要求学生掌握新的知识和技能,更需要他们具有高度的适应力,从而迅速适应新的环境,解决新的问题。

二、培养创新精神和创新能力

在当前的社会中,创新被视为推动社会进步的核心动力,从科技、经济到社会文化，各个领域都需要不断地创新来适应时代的变迁。而高等教育机构，特别是大学，正是培养人才的创新精神和创新能力的重要基地。高校拥有集聚专业知识、技能的教师群体，以及充满活力和创新潜力的学生群体，因此，高校肩负着培养创新型人才的重任。

改革教育教学方式是培养学生创新精神和创新能力的关键。传统的教育模式往往注重知识的传授，而对创新精神的培养相对较少，这种教学方式无法满足现代社会对创新型人才的需求。因此，高校需要推动教育改革，引入任务驱动、项目导向的教学方式，鼓励学生主动学习、发现问题、解决问题。同时，也要加强实践教学，让学生有更多机会将理论知识转化为实际操作，增强其实践能力和创新能力。

实施创新教育是提高学生创新能力的有效途径。创新教育不仅需要让学生掌握科学知识和技能，更重要的是激发学生的创新意识，让他们明白创新的重要性，并乐于接受挑战、勇于尝试新事物。具体做法包括开设创新课程、举办创新竞赛、建立创新实验室等，为学生提供充分的创新资源和创新环境。

三、贯彻落实素质教育

在 21 世纪这个知识经济时代，社会对人才的需求正在发生深刻变化。越来越多的人开始意识到，单一的专业技能和知识储备已经不能满足时代的要求。今天，社会需要的是具有全面素质、健全人格的人才，他们不仅具备专业知识和技能，更有良好的道德品质和审美情趣，保持身心健康。因此，贯彻素质教育，培养全面发展的人才，已经成为高校的时代重任。

一个人的道德品质直接影响他的言行举止和人生价值。高校应当通过设立相关课程、组织活动等形式，培养学生的道德意识，引导他们形成正确的世界观、人生观和价值观。此外，高校还要重视对学生的品行教育，使其形成良好的道德行为习惯，成为社会的有益成员。拥有良好审美情趣的人，不仅可以提高生活质量，更能在工作和生活中寻找到美，创造出美。因此，高校应该注重提高学生的艺术修养，通过音乐、美术、戏剧等艺术教学，培养他们的审美情趣，提升他们的艺术素养。体育素质是健康成长的基础，一个人的身心健康直接影响他的学习和生活。因此，高校应通过增设体育课程、举办体育活动等方式，增强学生的体质，培养他们的体育兴趣，使他们养成良好的运动习惯。劳动素质是人的全面素质的重要组成部分，它不仅是素质教育的重要组成部分，同时也是培养学生的创新精神和创新能力的重要切入点。创新人才的培养需要在实践中不断完善和丰富，而劳动教育就提供了这样一个实践平台，让学生在实践中学习，在实践中成长。

四、营造良好的文化环境

高校作为社会精神文明建设的重要阵地和人才培养的主要基地，肩负着营造良好文化环境的重任，这对于创新型人才的培养具有深远而重大的影响。

一个健康开放、鼓励创新的文化环境，能够使学生自由地表达观点，激发他们的创新思维。在这样的环境中，学生不仅可以接触到最新的知识信息，而且能够以开放和批判的态度去接受和吸收这些知识，这对于创新型人才的培养是至关重要的。因此，良好的文化环境有利于形成鼓励创新的氛围。

一个丰富多元、包容开放的文化环境，可以提供多种可能性和机遇，让学生在不同的领域和层面上得到发展。这样，学生不仅可以在专业知识方面得到提升，而且可以在道德素质、社会责任感、团队协作能力等方面得到培养，这对于创新型人才的培养是极其重要的。因此，良好的文化环境能够促进学生的全面发展。一个尊重个性、充分发扬个性的文化环境，可以鼓励学生积极发掘自我、完善自我，充分展现个性魅力。在这样的环境中，学生可以充分展现自我，发挥自身优势，这对于培养具有创新精神和独立思考能力的人才具有重要意义。因此，良好的文化环境有利于使人形成尊重个性、发扬个性的价值观。

第四节　创新型人才培养的重要依托——创新教育

一、高校创新教育的内涵

高校创新教育即培养具有创新素质和实践操作能力的人才，是高等教育的重要组成部分，其内涵丰富，目标明确，核心目标是通过教育手段和方式的创新，激发学生的创新意识，提高学生的创新能力，最终将他们塑造成创新型人才。

高校创新教育强调培养学生的创新素质，包括创新思维、创新意识和创新精神。创新思维是一种思考问题和解决问题的新方式，它强调的是独立思考、超越传统、打破常规；创新意识是一种对新事物、新观念、新知识的开放态度，它强调的是接纳、包容、追求新的事物、观念和知识；创新精神是一种积极向上、不断前进、敢于尝试的精神状态，它强调的是勇于实践、敢于挑战、乐于探索。

高校创新教育关注学生实践操作能力的形成与发展，包括动手能力、解决问题的能力和创新实践的能力。动手能力是一种实施方案、操作设备、解决问题的实际能力，它强调的是学以致用、知行合一；解决问题的能力是一种理论联系实际、面对困难挑战的实践能力，它强调的是应变自如、迎难而上；创新实践的能力是一种基于理论知识、面向实际需求的创新能力，它强调的是理论创新、实践创新。

二、高校创新教育的特性

高校创新教育具有以下几点突出特性，如图 4-2 所示。

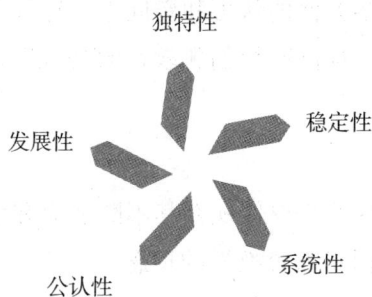

图 4-2　高校创新教育的特性

（一）独特性

每一所高校都有其特有的历史背景、办学理念、学科优势、师资队伍和学生群体等，因此，其开展的创新教育也会有其独特性。这种独特性反映在教学内容、教学方法、教学手段和教学效果等多个方面，体现了高校创新教育的多元性和多样性。

（二）稳定性

高校创新教育的稳定性主要体现在其长期坚持和稳定发展上。一方面，高校创新教育需要坚持教育教学的基本规律和基本要求，不能随意改变，不能盲目跟风，必须保持其稳定性；另一方面，高校创新教育也需要稳步发展，不能停滞不前，不能走回头路，需要保持其稳定性。正是因为高校创新教育具有稳定性，才保证了高校创新教育的健康发展。

（三）系统性

高校创新教育是一个系统工程，涉及教育教学的全过程和全方位。这个系统由多个相互联系、相互作用、相互影响的子系统组成，如教育理念、教育目标、教育内容、教育方法、教育手段、教育评价等，这些子系统构成了高校创新教育的系统性。理解和把握高校创新教育的系统性，可以更好地进行高校创新教育的设计、实施和评价。

（四）公认性

高校创新教育的公认性主要体现在其得到社会公众、专家学者、教育行政部门和教育实践者等多方面的认可和赞同上。这种公认性体现了高校创新教育的权威性和社会性。提高高校创新教育的公认性，可以更好地提高高校创新教育的影响力和吸引力。

（五）发展性

高校创新教育的发展性主要体现在其不断适应和引领社会经济和科技发展的需要，不断吸收和创新教育教学的理念、方法、手段和技术，不断提高教育教学的质量和效率，不断培养和输出创新型人才。这种发展性体现了高校创新教育的进步性和前瞻性，有助于更好地推动高校创新教育的持续改革和创新。

三、高校创新教育的特点

（一）受国家政策导向的影响明显

高校创新教育作为国家人才培养的重要环节，其发展方向和重点往往受到国家政策导向的强烈影响。例如，国家在科技、经济和社会发展中，对某些领域和方向的人才需求特别强烈，高校的创新教育就会相应地调整课程设置、教学方法和教学内容，以适应这些需求。同时，国家对教育改革和创新的政策支持，也会对高校创新教育产生重要影响。例如，国家提倡素质教育和实践教育，高校就会在教育教学中加强这些方面内容和重点的教育，以实现国家的教育政策目标。因此，高校创新教育的发展需要紧密关注和准确把握国家的政策导向，以确保其符合国家的战略目标和社会需求。

（二）受地域特征的影响明显

高校创新教育呈现出明显的地域性特征，其内容和方式往往受到所在地区经济社会发展特点和文化环境的影响。比如在经济发展较快、科技创新活跃的地区，高校创新教育可能更注重实践教学和企业合作，培养学生的实践能力和创新精神；在文化底蕴深厚的地区，高校创新教育可能更注重人文素养的培养，提升学生的文化修养和创新思维。地域特征对高校创新教育的影响也体现在教学资源的利用上，如地方特色的科研项目、产业链等都可以成为高校创新教育的重要资源。因此，高校创新教育在发展过程中，需要充分考虑和利用地域特征，以培养更符合地方发展需要的创新型人才。

四、高效实施创新教育的必要性

（一）创新教育是高等院校适应经济新常态的客观需要

在经济全球化和知识经济的背景下，经济发展的新常态正在向人类展现出一种以创新为核心的发展模式。这种模式强调的是高质量、高效率的发展，而实现这一目标的关键因素便是创新能力。创新能力不仅是科技发展的重要推动力，更是推动经济结构转型升级、促进社会持续健康发展的关键所在。因此，创新教育成为高等院校适应经济新常态的客观需要。

从国家层面看，创新教育的实施有助于培养出符合经济新常态需求的人才。当下，国家对于科技创新和产业升级的需求越来越大，这对人才的素质和能力提出了新的要求。高等院校作为人才培养的重要基地，有责任培养出既有深厚的专业知识，又具备创新思维和实践能力的复合型人才，为国家的创新发展作出贡献。

从社会层面看，创新教育的实施能够满足社会对于创新人才的需求。随着社会经济的发展，企业和社会对于具有创新思维和能力的人才需求越来越大，而高校则是这种人才的重要来源。通过创新教育，高校可以提升学生的创新思维和能力，从而培养出能够适应社会需求、具备创新能力的人才。

从高校自身发展的角度看，实施创新教育有利于推动高校的教学、科研和服务社会的能力。创新教育不仅可以提升学生的创新能力，同时也能够激发教师的创新意识和创新能力，从而提升高校的科研实力和教学质量。此外，创新教育还能够帮助高校更好地服务社会，提升其社会影响力。

（二）创新教育是高校发展演进的历史使命

作为高等教育机构，高校承载着促进世界前沿科技发展的使命，负责培养社会主义现代化建设所需的各类人才，肩负着推动科技文化创新的重任，故而实施创新教育成为高校发展演进的历史使命。

科技创新是当今世界发展的最强动力，是国家和民族竞争力的决定性因素。在科技创新中，人才是最为关键的因素。高校作为人才的培养基地，其教育工作的核心就是培养学生的创新意识、创新能力和创新精神。实施创新教育，旨在让学生在掌握专业知识的同时，激发他们的创新思维，让他们在解决实际问题中展示创新能力，成为科技创新的生力军。

随着全球化的发展和国际竞争的加剧，人类面临的问题和挑战也越来越复杂。解决这些问题，往往需要创新的思维方式和解决方案。高校的一个重要职责就是培养学生面对问题时能够独立思考、创新解决问题的能力。高校通过实施创新教育，培养学生的独立思考能力，以及发现问题、分析问题、解决问题的能力，为社会的发展贡献力量。

实施创新教育，也是高校自身发展的需要。只有不断创新，高校才能在日益激烈的竞争中保持自身的活力和竞争力。实施创新教育，不仅有助于提高学生的质量，也有助于提升高校的教学质量，提升科研成果的质量和数量，提升高校的社会服务能力，从而提升高校的整体实力。

创新教育也是高校履行社会责任的具体表现。高校不仅要培养学生的知识和技能，更要引导他们树立正确的价值观，培养他们的社会责任感。通过实施创新教育，高校可以帮助学生认识到，他们的创新行为，不仅可以实现个人价值，也能对社会产生积极影响，推动社会的发展。

（三）创新教育是高等教育深化改革的内在要求

高等教育深化改革是社会进步和发展的重要组成部分。其目标不仅在于提高教育质量，满足社会对高层次人才的需求，更在于激发和培养学生的创新精神和能力，从而为社会进步提供源源不断的创新动力。因此，实施创新教育是高等教育深化改革的内在要求。

社会经济快速发展，对人才的需求日益多元化和高端化，尤其是在科技创新日益成为推动社会进步的重要动力的背景下，社会对于具有创新精神和能力的人才的需求更为迫切。高等院校作为人才培养的主要阵地，必须适应这一需求变化，改革教育教学内容和方法，实施创新教育，使学生在掌握基础知识和技能的同时，发展创新精神和能力。

随着全球化的深入发展，科技创新的竞争日益激烈，每个国家和地区都在寻求自身的竞争优势，而创新型人才是最为关键的竞争力量。对于高等教育来说，深化教育改革，实施创新教育，旨在培养出能够在国际科技创新舞台上出彩的人才，对国家和地区的发展具有重要意义。

深化教育改革，实施创新教育，也是满足学生个人发展需求的内在要求。现代青年人有着强烈的自我实现需求和追求个性化发展的渴望。实施创新教育可以激发学生的创新意识，培养他们的创新能力，帮助他们发现和挖掘自身的潜力，实现自我价值。

实施创新教育，也是高等教育实现现代化、国际化的必然选择。在全球视野中，创新教育已经成为高等教育改革的主流趋势。实施创新教育，可以提升高等教育的质量和水平，增强国际竞争力。

五、高校创新教育培养创新型人才的着眼点

（一）鼓励探究和试错

高校通过鼓励学生主动学习，提高他们的独立思考和问题解决能力，同时培养他们的试错精神，让他们不怕失败、勇于尝试，从而更好地培养出能够适应未来社会、有能力进行创新的人才。只有这样，才能真正实现创新教育的目标，为社会的发展和进步作出贡献。

在鼓励探究和试错的环境中，学生不再是被动接受知识的对象，而是主动发现和解决问题的参与者。他们被激励去寻找问题，追求解答，提出新的假设，然后去验证这些假设。这种主动学习的方式，不仅能够培养学生的独立思考和问题解决能力，而且能激发他们对知识的好奇心，从而使他们进一步提高学习

的积极性和主动性。因此，鼓励探究意味着赋予学生更大的学习自主权。

在创新的过程中，失败和错误是不可避免的，但很多人都对失败和错误有所恐惧。创新教育通过鼓励试错，帮助学生理解失败和错误是学习和进步的重要一部分，而不是应该避免和惧怕的事情。这种理念能够帮助学生建立起面对困难和挫折的韧性，培养他们在面对失败和困难时坚持下去的毅力。因此，创新教育倡导允许学生犯错，培养学生试错精神。

（二）培养批判性思维

批判性思维能力是学生理解和分析问题的基础，这种思维方式要求学生具备分析问题的能力，能够将问题分解为更小的部分，透过现象看本质，并独立评估和判断。批判性思维意味着对已有信息和观点进行评估，而不是盲目接受，进而更加深入地理解问题，找出问题的关键因素，从而提出更有效的解决方案。批判性思维能力也是创新的基础，它可以帮助学生发现现有观点和方法的不足，提出新的思考方式和解决方案。在这个过程中，学生不仅能够提高他们的创新能力，而且也能提高他们的独立思考和问题解决能力。批判性思维能力还是学生成为终身学习者的关键。在快速变化的现代社会，持续学习是非常重要的，具备批判性思维能力的学生能够更好地适应变化，持续探索新知识，自主获取信息，并能独立评估和应用这些信息。

因此，创新教育需要重视批判性思维的培养，具体可以通过设计富有挑战性的任务，提供开放的讨论环境，鼓励学生质疑、辩论和反思，来培养他们的批判性思维。同时，也可以在教学评价中考查学生的批判性思维能力，以进一步鼓励他们进行批判性思考，从而培养出具有创新能力的人才，以应对未来社会的挑战。

（三）加强团队协作

在多元化的现代社会，多学科、多角度的协同工作已经成为解决复杂问题的关键。创新往往源于团队的协作，一种想法的火花可以通过团队成员的互动和激发而变成一团创新的烈火。

每个团队成员都有他们的优势和特点，他们可以通过共享知识和经验，提供不同的解决策略和观点，从而共同发现和创造新的知识。因此，团队协作能够集合多元的知识、技能和视角，这种交叉学科的互动是驱动创新的重要力量。

在团队中，学生需要学会表达和倾听，理解和尊重他人的观点，处理和解决冲突，这些都是未来工作和生活中必备的技能。同时，团队协作还可以提高学生的领导力，帮助他们学会如何有效地协调和激励团队成员，实现团队的目标。因此，团队协作能够培养学生的沟通能力和社交技能。

在团队项目中，学生需要共同面对和解决问题，这需要他们进行合作研究、协同创新，从而提高他们的分析问题和解决问题的能力。因此，团队协作能够提高学生的问题解决能力。

因此，高校在创新教育中应注重团队协作精神的培养，具体可以通过设计团队项目、开展小组讨论、组织团队活动等方式，使学生在实践中学习和提高团队协作能力，进一步激发他们的创新潜能。

第五章　创新型人才培养之制度创新

第一节　高校创新型人才培养制度创新的宏观层面

一、健全社会支持制度

（一）增强校社合作制度

在当今这个信息化、全球化的时代，社会和学校已经不再是相对独立的两个领域，而是相互依存、相互影响。高校创新型人才的培养，既需要学校的专业教育，也需要社会的支持和帮助。因此，增强校社合作制度，将学校教育和社会实践有机结合，是高校创新型人才培养制度创新的重要一环。

高校应在政府的宏观调控下，建立并完善校社合作方面的相关制度，以保障措施的良好施行。例如，高校可以制定社会直接介入创新型人才培养相关的预案，建立校社合作的制度，不断完善企事业单位、社会团体、社会组织及个人在高校设置奖学金和科研项目的制度。这些方式可以有效地引导社会资源向高校聚集，为创新型人才的培养提供更多的支持。

高校需要通过规范的制度将校社合作落到实处，转变以往的形式，使简单设置奖助学金或科研项目的模式转变为社会真正参与高校创新型人才培养的模式。优秀的企业技术人员和管理人员应该有机会进入课堂，与学生一起研究和探讨，帮助他们更好地理解和掌握相关知识。这样就可以建立起一个良好的校社合作制度体系，更好地服务于创新型人才的培养。

高校需要营造宽松的环境氛围，使教师的特长得以充分发挥，引导教师将培养学生当作人生的乐趣，与学生一起探索真理。同时，高校和教师也需要坚决做到将知识转变为生产力，以思想指导变革，以科研带动开发，将产学研一体化真正落到实处。

（二）健全市场调节制度

在高校创新型人才的培养过程中，实现市场调节制度的健全和完善，有助于更好地吸引社会资源，增强教育的活力和效益。具体策略如下。

1. 改变单一的办学行为

在市场调节制度下，高校需要从单一办学转变为与社会各方力量合作，包括与企业、社会组织、科研院所等进行合作，共享资源，共谋发展。这种转变不仅有利于吸引更多的社会资源，也有助于学生接触到更丰富多元的学习机会。

2. 建立市场化的教育资源配置机制

在市场调节制度下，高校应该充分利用优质教师、学生以及实验图书设备等资源进行创新型人才培养。这需要学校建立一套公平、公正、公开的教育资源配置机制，以市场规则为指导，让教育资源的分配更具效率。

3. 引入市场竞争机制

市场竞争可以激发教师和学生的主动性和创造性。高校可以引入市场竞争机制，比如设立奖学金、科研资助等，以激发师生的竞争意识，从而提高教育教学质量。

4. 建立完善的奖惩制度

高校应明确教师和学生的权利和义务，建立合理的奖惩机制，这一点可以通过制度形式实现，比如制定教师职责章程、学生行为准则，为师生提供明确的行为指南。

（三）健全校校合作制度

1. 创造更多的交流与合作机会

高校应积极寻求与国内外高水平大学的交流与合作机会，如举办学术研讨会、教师交换项目、学生交流项目等，进而促进学术交流，扩展学生的视野，增强其实践能力。在开展这些活动时，要坚持务实性原则，把实际效益作为衡量成功与否的关键标准，如学生的学术成长、教师的教学水平提高等，避免形式主义，注重实际效果。

2. 建立长期、稳定的合作关系

校校合作应遵循先近后远的原则，先与地理位置相近、教育理念相近的学校建立合作关系，然后再逐渐扩大合作范围。这需要建立相关制度，如合作协议、交流项目管理办法等，以保证合作的长期性和稳定性。同时，合作过程中要避免形式主义和不从实际出发的管理行为，务必将交流合作落到实处。

3. 以创新型人才培养为目标

校校合作的最终目标是培养创新型人才，因此，合作应具有深层次和广泛性，从多角度进行设计，如在教师交流、课程选择、学生访学方面进行全面规划。同时，要尊重学生的个人意愿，保证每个学生都有参与活动的机会，尤其是不能因为学生的经济原因而使其失去交流与学习的机会。为此，可以设立奖学金、助学金等，以保障学生的权益。

（四）创建社会评估制度

1.发挥政府评估职能并组建社会评估机构

政府在评估制度中扮演着重要的角色，可以提供一套官方的、公正的评估标准和方法。然而，过于依赖政府的评估可能会导致评估结果缺乏多样性和深度。因此，组建多类型的社会评估机构是有必要的。社会评估机构可以包括来自不同领域的专家，他们可以根据各种评估标准，对高校的创新型人才培养进行全面、深入的评估。政府评估、社会评估和高校自我评估有机结合，可以更好地反映出高校创新型人才培养的真实情况。

2.淡化社会评估的政策性、计划性与目的性，强化其监督性、市场性与潜在性

评估不应只是为了执行政策、完成计划或达到预定目标，而应着眼于对高校教育质量的全面监督，以及对市场需求和未来趋势的预测。因此，应建立一种具有中国特色的社会评估制度，将对学科专业、课题项目、成果价值、人才培养的评估与高校的招生、就业等实际情况相结合。这种评估制度应当具有全面性和前瞻性，能够真实反映出高校创新型人才培养的实际效果和潜在问题。

3.建立自我评估制度，结合多方面的评估

高校应建立一套有效的自我评估制度，定期对自身的创新型人才培养工作进行自我检查和反思。同时，高校也应将专家评估、家长评估、学生评估、校友评估与用人单位评估等多方面的评估有效结合，让更多的利益相关者参与到高校创新型人才培养的评估工作中来。这种多元化的评估方式，不仅可以提供更全面、更多角度的评估信息，也有利于促进各方之间的交流与合作，进一步提高高校创新型人才培养的质量。

二、加强文化传承创新

（一）树立文化传承创新的理念

高校创新型人才培养的首要任务是明确并加强文化传承创新的理念。在高等教育中，必须重视文化的作用，它不仅是高校的精神象征，也是高校发展的动力源泉。文化传承和创新是高等教育理念，而高等教育理念是一种深深影响着学校定位、指导思想、教育目标、教育方法和学生的最直接、最重要的因素。

高校是知识和文化的传承者，是社会进步和创新的重要场所。在传承中，高校需要坚持和传播优秀的传统文化，使之成为学校的精神内核；在创新中，高校需要积极引导和推动文化变革，使之成为学校的发展动力。只有把握住文化传承和创新的关系，高校才能形成鲜明的文化特色，体现出其独特的精神风貌。

教学是高校的根本任务，科研是高校的重要功能，二者相互影响，相互促进，形成独特的学术氛围。教学中需要注入科研的精神和方法，使学生在学习中体验到科研的乐趣和挑战；科研中需要借鉴教学的方式和技巧，使学生的知识和能力在科研中得到全面提升。

高校需要结合自身的环境、制度、教学和行为，构建符合自身特色的文化传承创新理念。每所高校都有其独特的环境和条件，高校应充分利用这些优势，构建符合自身特色的文化传承创新理念。这种理念不仅能够体现高校的精神风貌，也能够激发学生的创新精神，为创新型人才的培养提供强大的文化支持。

另外，高校需要把文化传承创新的理念融入人才培养的各个环节。在教学中，高校需要弘扬创新文化，激发学生的创新精神；在科研中，高校需要培养学生的独立思考和创新的能力；在社会服务中，高校需要引导学生将所学知识和技能运用到实际工作中，实现知识的应用和创新。

（二）弘扬中华优秀传统文化的精神

在高等教育中，中华优秀传统文化扮演着至关重要的角色。它不仅是民族的根和魂，更是创新思维和行动的重要源泉。只有在传统文化的基础上，才能培养出既具有文化底蕴，又有创新思维的人才。这是培养新时代创新人才的重要责任，也是新的历史条件下发展高等教育的重要任务。

传统文化是一个民族的精神寄托，是人类对世界进行理解和解读的基础。高校要加强学生对中华优秀传统文化的学习和理解，使学生通过对经典著作的深度阅读，了解传统文化中包含的深刻智慧和永恒价值。纵向学习是对历史的深入研究，可以了解到文化的发展脉络和历史变迁；横向学习是对不同领域的广泛探索，可以了解到文化的多元性和交叉性。只有深入学习和理解传统文化，才能真正领悟其精神内涵，为创新思维提供源源不断的思想资源。同时，在信息化、网络化的今天，高校要创新传统文化教育的方式和方法，可以通过多种方式，如在线教育、虚拟现实等，让学生在更为生动、直观的环境中学习传统文化，感受文化的魅力，激发创新思维。

高校要注重将传统文化融入创新型人才培养的全过程，无论是课程设计、教学方法，还是学生活动，都应该体现出传统文化的精髓。将文化选择、文化研究与文化传导相结合，可以引发学生对学习文化的热情和兴趣，促使学生进行主动思考，实现知识的内化与转化。这样，学生不仅能在学习过程中感知文化，更能在实践中创新文化，提升自身的精神文化素养。

另外，高校要培养学生的文化自信和文化自觉。中华优秀传统文化是中华民族的瑰宝，是民族精神的根基。学生应该骄傲并自信地传承和发扬这种文化，同时，也要自觉研究和创新这种文化，使其在新的时代条件下焕发出新的生机和活力。

（三）打造自由开放的文化环境

高校是社会的重要文化机构，是集高级知识分子之大成的地方，他们的特质是追求自由和无拘无束的环境，只有在这样的环境中，才能真正激发创新思维和碰撞出智慧火花。

自由是创新的源泉。思想自由、学术自由、教学自由，这些都是高等教育的基础。思想自由意味着尊重学生和教师的独立思考，鼓励他们挑战传统观念，寻求新的知识和理解；学术自由则是为研究者提供独立探索和创新的空间，使他们可以追求真理，无论这个真理是否符合现有的主流观念；教学自由则是允许教师自主选择和设计教学方法和内容，以最符合学生需求和教师理念的方式进行教学。

开放是创新的动力。开放的大学文化鼓励大学生走出校园，融入社会，甚至走向世界。打开校门走入社会，学生可以接触到更为丰富多元的实际情境，将学到的知识运用到实际中，培养实践能力和社会责任感；打开国门走向国际，可以使大学生接触到全球最新的知识和研究动态，培养国际视野和跨文化理解能力，同时也可以通过国际合作提高自身的研究水平和影响力。

自由和开放的文化环境需要高校自身的支持和维护，这包括建立相应的制度保障，如保护学术自由的规章制度、支持教师和学生独立思考和创新的政策等，也包括创造相应的氛围和环境，如鼓励开放讨论、尊重多元观点、提供创新资源等。

（四）营造良好的教学文化氛围

教学文化是校园文化的核心，它受到教师的教学理念、教学风格以及课程文化的影响，同时，也能对学生的学习行为和成长产生深远影响。营造良好的教学文化氛围，能够为中华优秀传统文化的传承创造良好的氛围，有利于中华优秀传统文化发扬光大。

教学理念是教学文化的灵魂。现代教育理念强调以学生为中心，关注学生的全面发展，而非仅仅是知识的灌输。因此，教师应以尊重、理解和关爱学生为出发点，尊重学生的个性和自主性，理解学生的学习需求和困惑，关爱学生的成长和发展。同时，教师应认识到教学的目标不仅是传授知识，更是培养学生的思维能力和创新能力。

教学风格是教学文化的形态。教师应通过创新教学方法，如问题式教学、探索式教学等，激发学生的学习兴趣，培养他们的自主学习能力、批判性思维能力和实践能力。教师还应适应不同学生的学习风格和需求，灵活调整教学策略，让每个学生都能在最适合自己的环境中学习和成长。

课程文化是教学文化的载体。学校应开设批判性课程和个性化课程，让学生在广泛、深入的学科领域中探索和发现，完善他们的知识结构，开阔他们的视野。同时，课程应关注现实社会和国际背景，使学生能在理解和解决实际问题的过程中，提升他们的社会责任感，拓宽其国际视野。

良好的教学氛围是教学文化的生态。学校应通过制度设定、环境营造等方式，形成尊重、支持和鼓励学习的教学氛围。这种氛围应鼓励学生勇于提问、勇于探索，敢于挑战已知和未知，使他们在自由、开放和包容的环境中，激发创新精神，提升学习效能。

第二节　高校创新型人才培养制度创新的中观层面

一、重塑现代大学精神

（一）树立人人成才理念

《国家中长期教育改革和发展规划纲要（2010—2020年）》指出："树立全面发展观念，努力造就德智体美全面发展的高素质人才；树立人人成才观念，面向全体学生，促进学生成长成才。"根据这一要求的，高校要树立人人成才理念，促进每位学生的发展。

从学校的角度来看，学校是知识传播和创新精神养成的重要场所，优化教育资源配置是学校必须做好的工作，这包括保证图书资源和实验设备的开放性和普及性，确保每个学生都能公平、公正、均等地享受教育资源。教师是学校教育的中坚力量，他们应对每个学生的潜能和天赋充满信心，尊重每个学生的差异化需求，并根据这些差异采用分层教学的方式。只有这样，才能在学校中真正落实人人成才的理念。

从家庭的角度来看，家庭是孩子学习的另一个重要环境，对孩子的全面发展和幸福生活有着关键影响。因此，家长需要营造有利于创新精神和实践能力培养的家庭氛围。在日常生活中，家长应该鼓励孩子尝试新的事物，积极解决问题，培养他们的创新思维和实践能力。同时，家长还需要对孩子的学习和发展充满信心，支持他们追求个人兴趣和目标，尊重他们的个性和选择。在这样的家庭环境中，孩子将更加自信，更有动力去追求自我实现，落实人人成才的理念。

从社会的角度来看，社会对人人成才理念的落实也有着重要的影响。在社会层面，需要营造一种尊重知识、尊重人才的氛围，表彰先进，宣传先进，激励先进，鼓励创新、创业和创造。公众媒体可以发挥重要作用，通过报道和推广先进的教育理念和实践，来提高社会对教育的重视和理解程度。此外，社会各界，包括政府、企业和非政府组织，都可以通过提供资金、资源和机会，支持教育的创新和发展。

（二）树立学术自由理念

在今天这个信息爆炸和科技高速发展的时代，更应该尊重和保障学术自由，鼓励教师和学生独立思考和创新探索，培养出更多的创新型人才，推动社会的进步和发展。

学术自由为教师的教学和研究提供了保障，教师可以根据自己的专业知识和理解，自由地追求真理、传授知识、开展科研及发布成果。他们不受固定教学大纲和教材的束缚，可以自主选择教学方式和方法，鼓励学生进行独立思考和创新探索。这样的教学环境更有利于激发学生的学习兴趣和创新思维，培养出具有独立思考能力、创新精神和实践能力的创新型人才。

学术自由也赋予学生自主学习和思考的权利，学生可以根据自己的兴趣爱好和目标，自主选择学习内容和方向，自由发表学习评论和观点，甚至自主设计学习项目和研究计划。这样的学习环境有利于培养学生的主动性和自主性，让他们在实践中学习和成长，提高他们解决问题和应对挑战的能力。

然而，学术自由并非无限制的自由，它必须在尊重社会伦理和风俗的前提下进行。学术自由不能用来损害他人的权益，不能用来传播偏颇和错误的信息，更不能用来为非法和不道德的行为辩护。此外，学术自由也不能脱离学校的教育目标和任务，即培养具有社会责任感和道德素养，具备独立思考和创新能力的人才。

（三）树立个性教育理念

个性化教育是教育进步的一个主流方向，它关注学生的潜力、兴趣爱好、思想、心理品质、责任心以及好奇心和批判精神，而不像传统教育仅仅重视课堂成绩。这种教育方式的目标是实现人的个性发展，而这也是高校创新型人才培养的最终目标和价值体现。

教育不仅仅是为了传授知识，更重要的是启发思维，引导学生发掘自我，培养他们的创新精神和进取精神。这就需要学校转变传统的教育理念，关注学生的个体差异，尊重他们的独特性和个性。高校需要充分发掘学生的潜力，提供一个有利于他们发展的环境，让他们可以自由地探索自我，追求个性化发展。同时，教育需要因材施教，即根据学生的特长和兴趣，为他们量身定制教育计划，这涉及科学研究、技术应用、经营管理等不同方面的培养。高校应该鼓励学生发展他们的特长，为他们提供必要的资源和机会，以激发他们的创新精神和求知欲。

需要注意的是，实施个性化教育并不意味着放任自流，学校应该以学生的个性发展为方向，制订并严格落实相关的教育计划，同时要适时地给予指导和帮助，以防止学生走入歧途。

二、创新人才培养体制

（一）完善高校机构设置

高校机构的设置直接影响创新型人才的培养，因此，完善高校机构设置以提升创新型人才培养的效率和质量，已经成为当务之急。

1. 提升创新型人才培养的普遍性和自觉性

目前，高校在创新型人才培养方面往往呈现出试验性的特点，而要改变这种情况，就需要以政府的宏观调控政策为引导。政府应倾听高校的需求，建立适应高校特性和需求的政策框架，明确创新型人才培养的目标和标准，为高校培养创新型人才提供宏观的指引和保障。设立特定的机构名称，逐步完善管理机制，以期在试点工作中形成普遍性和自觉性。同时，这种普遍性和自觉性初步形成后，便可以有选择性地取消这些固定的称谓。

2. 促进创新型人才管理的规范化、制度化

取消固定称谓意味着转型，即以统一的管理机构对创新型人才培养进行职能化、科学化和专业化的管理，从而有效打破了传统由学校教务处单独管理的局限，促进了管理的规范化和制度化。为了实现这一目标，高校需要制定并实施一套完善的管理制度，以确保创新型人才培养工作的顺利进行。

3. 建立权责分明的教学院系和教务处关系体系

在现代教育管理中，教学院系与教务处各自承担着不同的职责，并在协调和合作中共同推进教育目标的实现。建立权责分明的教学院系和教务处关系体系，不仅有助于保证教务管理的有效性和高效性，同时也可以避免内部的混乱和冲突，提升教学质量和效率。

教学院系是学校内部的主体，承担着培养学生、进行学术研究的主要职责，需要根据教育目标和学科要求设计课程，组织并实施教学活动。而教务处作为学校的管理部门，其主要职责是对全校的教学活动进行统一的规划、组织和管理，包括但不限于教学计划的制定、教学资源的配置、教学评价等。

权责分明的教学院系与教务处关系体系要求两者之间既有独立性又有协作性，各自负责自己的职责，互不干涉，但又要在共同的教育目标下进行协作和配合。例如，教务处在制订教学计划时，应充分听取并尊重教学院系的意见和建议；而教学院系在执行教学计划时，也需要遵循教务处的要求和指导。

建立权责分明的教学院系与教务处关系体系，不仅可以实现教学工作的有效管理，提高教学质量，也有助于推动学校的整体发展，培养出更多具有创新能力和社会责任感的优秀人才。

（二）优化高校权力制度

在高等教育中，学术权力和行政权力的协调统一是极为重要的一环，两者共同构成了大学的二元权力组织结构，确保高校的教学、科研和社会服务等基本职能得以有效发挥，以此达到培养具有创新精神和实践能力的人才的目标。

需要明确的是，学术权力和行政权力在高校中的地位不可或缺，其中，学术权力代表着对知识和学术的追求，它对学生的教育和教师的发展起到重要的推动作用；行政权力则是管理和协调高校运作的关键力量，保证学术活动的顺利进行和高等教育目标的实现。只有学术权力和行政权力在高校中协调运作，高校才能健康发展。

高校需要以学术权力为中心，通过一系列科学完善的制度为行政权力服务，为其提供制度保障。具体来说，高校可以实行学校学术委员会和以教师为主体的教职工代表大会双向并行的制度，将无行政职务的专家学者吸纳到校务委员会中，让其以自身独特的视角和思维方式为解决学校重大问题提供新的方向。由此，学术权力便能保持其在高等中的核心地位，行政权力则能更好地服务于学术发展。同时，高校还需要强化学术权力的作用，对行政权力采取相对弱化的处理态度，明确两者之间的关系是相辅相成、互不取代的，只有这样，二者才能充分发挥各自的优势，共同推动高等的健康发展，而这正是实现创新型人才培养的关键。

另外，高校需要建立一套明确的权力制度，能够充分调动院系、教师和学生在创新型人才培养方面的主观能动性。在这种制度保障下，行政权力和学术权力的权力、责任以及义务有明确的分界线，它们各司其职，共同致力于高校创新型人才的培养。

（三）优化高校的组织制度

在高等教育领域，高校组织领导制与校长负责制在推动高校创新型人才培养工作中发挥着决定性的作用。优化这两种制度，可以为高校创新型人才培养工作奠定坚实的制度基础，从而更好地培养出满足社会发展需要的优秀人才。

高校要坚定党的思想路线，使组织领导权归属于党委，在全校范围内树立人才培养意识，拥护党的方针政策，坚定社会主义办学的方向，为社会发展培养出大量创新型优质人才。党委在保证政策执行的同时，也要对教育工作提出指导意见，明确教育的方向和目标。党委要加强对校长的支持力度，以推动校长全方位开展高校创新人才培养工作。在此过程中，党委需要对校长的工作进行积极的指导和监督，同时也需要给予校长足够的决策权和行动自由，让校长能够更好地开展工作。校长作为校园的核心领导力量，需要全面提升自身的政治素养和教育能力，不仅需要深入了解党的教育方针政策，还需要熟悉教育的最新理论和实践，有独到的素质教育和创新型人才培养认知，并以此为基础，全面组织学校的教学、科研和其他行政工作。

（四）强化高校管理职能

高等教育的改革与发展要求高校持续提升管理质量，培养学生的创新能力，进而实现有效的创新型人才培养。从决策机制、执行程序、监督条例以及激励措施等多个角度进行深化改革，能够推动高校管理工作的科学化、规范化，为创新型人才培养提供强有力的保障。而这几方面正是高校管理职能的重要内容，所以高校要强化管理职能。

教务处和各教学院系是实现创新型人才培养的重要载体，它们各自担负着不同的职责。教务处主导教育教学的大方向，保证教育教学活动的正常运行；而教学院系则负责具体的教学执行，落实教育教学的具体要求。两者的平衡关系对于创新型人才培养的成功至关重要，这就需要高校在组织架构和制度设计上进行适度调整，避免二者发生职能冲突，使二者在公平交流、平等协商的基础上协同工作。

监督机构的任务是确保教学质量和效果，它的成员应涵盖学校的各个层面，包括学校领导、中层干部、专家教授、青年教师、班主任和辅导员等。通过明确的学科或专业划分以及完善的制度保障，监督机构能够让高校的创新型人才培养工作更加规范、更加科学、更加具有成效。

第三节 高校创新型人才培养制度创新的微观层面

一、发挥教师主导作用

（一）实施名师工程

在高等教育迈向大众化的大背景下，高校如何提高教育质量，培养出符合社会发展需求的创新型人才，成为一个重要的议题。其中一个观点是，实施名师工程，即重视培养和引进具有创新精神、创新意识和创新能力的教师，才能在大众化的高等教育中，实现教育的精品化，为社会培养出更多的创新型人才。

首先，提高教师的报考水平，这涉及教师队伍的选拔问题。在选拔教师时，要有明确的学历要求，要看重教师的专业能力和教学热情。同时，为避免教学体制和方法的单一性，原则上应尽量不聘用本校毕业的同学作为本校的教师，以引入更多不同的教学理念和方法。

其次，注重对教师学术思想水平的考核，这一方面体现在对教师科研能力的考核上。教师要有能力开展高质量的科研工作，并在主流学术媒体上发表过自己的学术文章。另一方面，教师需要有自己的教学思路和独特的教学方法，能够因材施教，激发学生的学习兴趣和创新精神。

最后，提高教师的道德修养。一个优秀的教师不仅要有高深的专业知识，还需要有高尚的道德品质，热爱自己的教育工作，对待学生有耐心和热情，对教育工作有高度的责任感，同时也要有对祖国和中华传统文化的热爱。

（二）创新教学文化

当今社会对创新型人才的需求日益凸显，而创新型人才的培养则需要在和谐、民主、自由、充满活力的教学文化下进行。高等教育教学文化主要涉及三部分，分别为教学理念文化、教学制度文化和教学环境文化，它们都在创新型人才培养方面起着重要作用。教师在此过程中扮演了重要角色，他们在教学环境的营造、教学理念的引领以及教学制度的执行中，都起到了关键的作用。

高校教师是创新型人才培养的主要因素，这就需要教师具有强烈的创新意识和先进的教育理念，这不仅体现在他们自身对新知识、新技术的掌握和运用上，更体现在他们引领学生进行创新性发展的方法上。为此，教师应不断学习，掌握最新的教育理念和方法，用创新的教学方式引导学生主动学习，培养学生的创新精神和实践能力。

高校教师需要具备较高的包容性，对待学生的差异性要有足够的尊重和理解。具体来说，教师要尊重学生的想法，鼓励学生进行实践，通过指导和反馈帮助学生在实践中提高创新能力和解决问题的能力。同时，教师还需要制定和实施多元化的学生创新评价机制，充分激励和鼓励学生进行创新实践。

（三）创新教学形式

当今社会对创新型人才的需求日益增大，而培养这样的人才需要运用创新的教学模式，结合教学和实践，调动学生的积极性和创新性。为此，高校必须在教学安排方面实施新的变革，既保持班级教学的传统模式，又尝试采用小班化的教学方式进行补充，同时还应根据学生的个体差异开展个性化教学。

传统的班级教学模式已经不能满足现代教育的需求，因此教师必须在传统模式的基础上进行改革。小班化的教学方式和个性化的教学可以提供更多的个人关注，允许教师根据每个学生的能力和兴趣进行教学，从而使得教学更具针对性，更能激发学生的学习兴趣和创新能力。在教学过程中，教师应该鼓励学生将所学知识应用于实际问题，引导学生主动探索，培养他们解决问题的能力。学生可以在实践活动中锻炼自己的能力，提升自己的技能，更好地理解和掌握所学的知识。

另外，因材施教也是培养创新型人才的关键。每个学生的学习情况和需求都是不同的，因此，教师需要根据每个学生的具体情况制订适合他们的教学计划。这需要教师具有足够的教学经验和专业知识，以便为每个学生提供最合适的教学方案。

二、凸显学生主体地位

（一）提供自由的学习环境

学生的学习行为主要受自身兴趣和好奇心的驱动，而不仅仅是被教师或课程内容所引导。这就需要学校在教育教学过程中为学生提供自由的学习环境，给予学生选择和尝试的空间，让他们有机会探索和发现自己的兴趣点，发挥个人特长，激发创新精神，为学生创新意识的激发创造良好条件。

学校需要构建一套完善的学习制度，为学生的学习行为提供规划性指导和监督，保证学习的进度和质量。同时，这套制度应注重灵活性，允许教师在执行过程中有一定的自由度，以适应各类学生的不同需求。这既要求教师有足够的专业能力和教育经验，也需要他们有广阔的视野和开放的心态，能够充分理解和尊重学生的个性和特点。

学校需要在课程设置上进行创新，增加多元化的选修课程，鼓励学生根据自身的兴趣和特长进行选择，同时也要求教师对课程内容和教学方法进行不断更新和改进，以保持教学的活力和吸引力。学校还应鼓励学生进行跨学科的学习，这可以拓宽学生的知识视野，培养他们的综合思维能力，为培养创新型人才打下坚实的基础。

（二）增加学生的学习机会

高校作为培养创新型人才的主要场所，需要给予学生更多的学习机会，帮助他们提升创新创业能力。这需要高校构建与本校教学发展相符的有针对性、合理性的创新实验计划，为学生提供充足、丰富的学习资源，以及开设实践性强、贴近社会的课程。

具体来说，创新实验计划应该结合学科特点和社会需求，设计出能够提升学生创新思维和实践能力的项目。这需要教师在课程设计中充分考虑学生的兴趣和发展潜力，同时注重引导学生将理论知识与实践相结合。学校应建立学习教学资源库，广泛收集各学科相关的教育资源，包括教科书、网络资料、实验设备等。这些资源可以为学生提供更多的学习机会，帮助他们在课堂之外继续深化理解和掌握知识。高校要与国内外高校和相关学科的企事业单位合作，为学生提供更多实践的机会，这不仅能让学生将所学知识应用于实际，提升自己的实践能力，同时也能增强学生对社会的认知，培养他们解决实际问题的能力。学校可以建立学习机会管理机构，负责整合和规划学习资源，确保学生能充分利用这些资源进行学习。同时，学校应该设立预算制度，为创新实验计划和实践教学提供必要的资金支持。

（三）培养学生的创新个性

创新人才的培养重点是学生本身具有创新个性，这种个性不仅体现在独特的思考方式和行为模式上，更表现在对新知识、新事物的好奇心和探索欲望上。在这个过程中，高校扮演着至关重要的角色，需要为学生提供一个激发其创新个性的有利环境和条件。创新个性的培养需要以下三个条件。

一是自由、民主的学习空间。这个空间应该鼓励学生独立思考、自主学习，而不是机械地复制已有的知识。教师应该引导学生思考，提出自己的观点，而不是仅仅接受教师的观点。这种教学方式可以增强学生的主观能动性，提高他们的学习效果，同时也可以培养他们的创新个性。

二是学生的学科实践能力和社会适应能力。随着社会经济的发展，学科的发展也会受到现实情况的影响，因此，教师应引导学生关注社会的发展趋势，理解社会的需求，并将这些知识和理解应用到他们的学习中。这样可以使学生的学习更加贴近现实，提高他们的社会适应能力，同时也有助于他们发现和发挥自己的创新个性。

三是学生自身的主观能动性。学生需要有意识地发挥自己的特长和兴趣，对自己的学习有所要求，具有自我约束力，锻炼自己独立思考、分析和解决问题的能力。同时，学生还需树立正确的人生观，将个人的兴趣和爱好作为自己的人生目标，将为社会创造价值作为自己的理想追求。

三、建立和谐、融洽的师生关系

（一）树立以人为本的教育理念

教育的终极目标是促进所有个体的全面发展，而这一目标的实现，需要教师秉承以人为本的教育理念。这一理念强调尊重学生的个性和独立性，充分调动他们的积极性和创造性，为他们提供一个自由开放的学习环境，以促进他们的主动学习和创新能力的发展，这对于培养创新型人才具有重要的意义。

以人为本的教育理念强调，教育的对象是活生生的、具有独立思考能力和独特个性的人，而不仅仅是知识的接收者。教师需要在教学中充分考虑到学生的需求和感受，关注他们的发展和成长，尊重他们的选择和决定。这种尊重表现在对学生学习兴趣的尊重、对学生学习进度的尊重、对学生学习方式的尊重等方面，体现了教育的人性化和个性化。

为了贯彻以人为本的教育理念，教师可以创造一个有利于学生发展创新能力的教学环境，积极鼓励学生自由表达自己的想法，尝试用新方法解决问题，不怕犯错误，从错误中学习。同时，教师也应该引导学生发展批判性思维，培养他们独立分析问题和解决问题的能力。构建这样的教学环境，既可以激发学生的创新精神，又可以提高他们的创新能力。

以人为本的教育理念还要求教师关注学生的道德和情感发展，以培养他们的社会责任感和公民素质。教师需要通过教学活动，让学生理解和体验到社会的多元性和复杂性，引导他们关心社会问题，积极参与社会活动。这不仅有助于他们形成正确的价值观和人生观，也有助于他们成为富有创新精神和社会责任感的人才。

（二）构建师生互动的交流机制

构建师生互动的交流机制，可以有效地促进学生主动学习和创新能力的发展，是高校培养创新型人才的重要手段。高校应当深入完善此类机制，以推动教学活动的多样性、开放性和实践性发展，从而创造出有利于创新和批判思维培养的学习环境。具体可以从以下几方面入手。

第一，教师在教学中可以适当引入自由交流的教学模式，使学生有机会展现他们对学科的理解和看法，营造充满活力和创新性的学习氛围。在这样的环境中，学生不再是被动接受知识的容器，而是成为积极参与者，他们的见解和问题都可以成为教学内容的一部分，有助于丰富和深化教学。而教师的角色也从传统的知识传授者转变为学生思想的引导者和启发者。

第二，实施导师制和建立科研实验室。导师制可以使学生在教师的指导下参与课题研究，获得实践经验，提升科研能力；而科研实验室为学生提供了进行实验和研究的场所，是理论和实践结合的重要平台。与企事业单位合作，让企业技术人员担任导师，可以为学生提供更多的实践机会，使他们在实际工作中学习和成长，提升创新能力。

实际上，和谐师生关系的构建是教师和学生之间双向互动的过程，也是情感双向传递的过程，因此不应该局限于学校学习上。教师不仅要在学习上给予学生及时有效的指导，还应在生活中给予学生关怀和帮助，如组织学生参加夏令营等活动，让他们在自然中学习和体验，既可以拉近师生之间的距离，也可以培养他们的生活技能和团队精神。同时，教师还应关注学生的家庭情况，为他们提供必要的帮助和支持。

第六章　创新型人才培养之模式构建

第一节　高校创新型人才培养模式的构建原则与运作机制

一、高校创新型人才培养模式的构建原则

2006 年，教育部出台《教育部关于全面提高高等职业教育教学质量的若干意见》，提出建立以"重点建设专业为龙头、相关专业为支撑的专业群"，这是专业群的概念首次在国家文件中出现。专业群是现代高等教育中的一个重要概念，它表示以一个或多个办学实力强、就业率高的专业为核心，周围集结了多个技术领域或学科基础相近的专业的集合。专业群的构建是为了优化教育资源，提升教育效率，同时也是为了适应当代社会对于专业人才的多元化需求。

专业群具有两个显著的特征。一是专业相关性，在一个专业群内，所有专业通常都是围绕某一行业设立的，这些专业具有相同的工程对象和相近的技术领域。由于专业之间的紧密相关性，学生可以在一个实践教学体系中完成多个专业的实训任务，大量的实训设施和设备可以共享，甚至有一部分实验实训项目需要不同专业的学生共同完成。这种专业相关性对于高职学校实训基地的建设和资源利用具有重要意义。二是师资共享，专业群内的所有专业通常是学校在长期办学过程中，围绕某一实力较强的专业逐步发展起来的。这些专业通常具有相同的学科基础和相同的专业理论基础课程，这就意味着这些专业可以共享一部分师资队伍。这种情况不仅可以提高教师的工作效率，同时也有助于形成专业师资团队，为专业建设提供强大的支持。

依据专业群概念，高校创新型人才培养模式的构建应该遵循以下原则，如图 6-1 所示。

知识理论教育和职业技能
培养双线并行

01

实践教学与育人体系
双构建

04

02

坚持通识教育与
专业教育相结合

03

坚持专业建设与行业需求
相对接

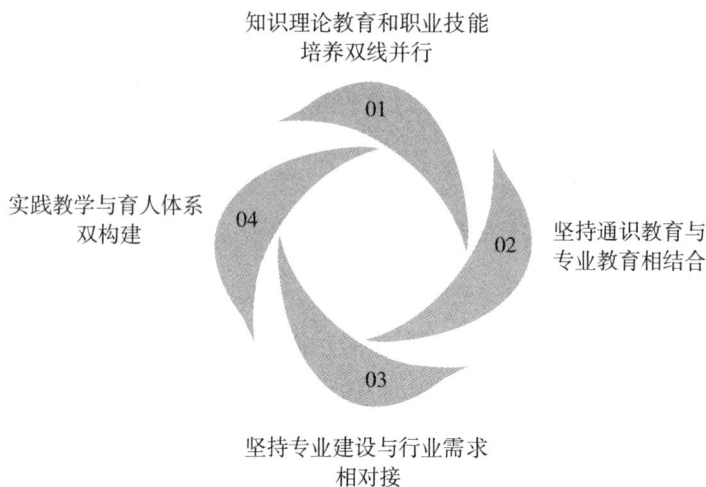

图6-1　高校创新型人才培养模式的构建原则

（一）知识理论教育和职业技能培养双线并行

这一原则强调理论教育和技能培养在人才培养过程中具有同等重要性，注重创新型人才培养过程中的平衡性和全面性。

全面发展的目标是培养出既有深厚理论基础，又具备实际操作能力的复合型人才。理论知识和实践技能是相辅相成的。没有坚实的理论基础，实践就可能变得盲目和随意；而如果只停留在理论层面，不进行实践，就可能导致理论知识脱离现实，变得空泛和无用。因此，这一原则体现了当前教育的核心理念——全面发展。在当前的社会环境中，企业和社会更加注重人才的实际操作能力和问题解决能力。这需要学生在学习理论知识的同时，能通过实践来锻炼和提高这些能力。知识理论教育和职业技能培养双线并行原则体现了对实践能力的高度重视，这样不仅可以增强学生的职业技能，还可以帮助学生在实践中深化对理论知识的理解，使理论知识和实践技能更好地结合在一起。单一的教育模式往往无法满足不同学生的学习需求，而双线并行的模式则可以让学生根据自己的情况，灵活选择学习的重点和方式。这不仅可以提高学生的学习兴趣和积极性，也能使教育更具针对性和有效性。

另外，创新需要在理论知识的基础上，通过实践来触发和激发。只有深入了解和掌握理论知识，并将其运用到解决实际问题中，才能产生新的观点和解决方案。因此，坚持知识理论教育和职业技能培养双线并行的原则，对于培养具有创新思维和创新能力的人才至关重要。

（二）坚持通识教育与专业教育相结合

高等教育不仅仅是为了让学生掌握一项或多项具体的技术和专业知识，更是为了培养学生的思维能力和人文素养，帮助他们成为全面发展的人。实施通识教育就是为了实现这个目标。通识教育通过提供广阔的知识视野和深入的思辨训练，帮助学生理解世界，形成独立判断能力和创新思维。专业教育则是为了让学生具备在特定领域内进行工作或研究所必需的知识和技能。专业教育的重要性无须赘述，但如果单纯地依赖专业教育，学生可能会陷入知识孤岛，缺乏全局视野和跨领域的理解能力，这将限制他们的创新能力和应对复杂问题的能力。

因此，通识教育与专业教育的结合是非常有必要的。在这种结合中，通识教育为学生提供宽广的知识视野和丰富的思维训练，专业教育则让学生在此基础上深入掌握特定领域的知识和技能。这种模式有利于培养既具有宽阔视野和创新思维，又具有深厚专业素养的创新型人才。当然，实现通识教育与专业教育的有效结合并非易事，需要教育者具有先进的教育理念和教育技术，也需要教育系统进行有效的组织和管理。只有这样，才能培养出真正能够适应未来社会经济发展的创新型人才。

（三）坚持专业建设与行业需求相对接

坚持专业建设与行业需求相对接原则强调在设计和实施教育计划时，高校应密切关注行业的发展动态和职业市场的需求，以确保所培养的人才能够满足社会经济发展的需要。在当今的全球化和知识经济时代背景下，行业和职业的发展正在以前所未有的速度发生变化。新的技术和工作方式不断涌现，旧的工作方式和职业则可能迅速消失。在这种情况下，如果高校不关注行业的发展和职业市场的变化，那么就可能培养出一批技能过时，无法找到工作的毕业生，这对学生、学校和社会都是巨大的浪费。因此，高校在设计和实施创新型人才的培养计划时，必须密切关注行业和职业市场的需求。这不仅包括关注具体的技能和知识需求，还包括关注更广泛的能力需求，如批判性思考能力、创新思维能力、跨文化交流能力等。此外，学校还应积极与企业和行业机构合作，以了解市场对人才的需求，并据此调整教育计划。

在实践中，坚持专业建设与行业需求相对接的原则可能面临许多挑战，如行业和职业市场的需求可能变化迅速，而教育计划的调整则需要时间。此外，一些创新技术和工作方式可能还没有形成成熟的教育模式和标准。但无论面临什么挑战，高校都应坚持这一原则，以确保所培养的人才能够满足社会的需求，实现个人和社会的共同发展。

（四）实践教学与育人体系双构建

实践教学对于培养创新型人才至关重要，因为学生只有将理论知识与实践相结合，才能充分理解和掌握知识，发展和提升技能。实践教学可以通过实验、实习、项目研究等多种形式进行，从而使学生在实践中获得深层次的学习和理解，提高解决实际问题的能力。同时，实践教学也有助于培养学生的团队协作能力、沟通能力和解决问题的能力等。

育人体系是指在高校中建立以人的全面发展为目标的教育体系，这不仅包括对学生专业知识和技能的培养，更包括对其思想品德、情感态度、创新精神等方面的培养。育人体系的构建，可以保证学生在学习专业知识和技能的同时，也能得到全面的素质教育，形成健全的人格和高尚的道德情操。

实践教学与育人体系双构建的原则，强调将创新型人才培养贯穿于实践教学和育人体系的全过程，让学生在教育实践中积极探索，逐渐形成创新能力，同时，把握学生成长特点，聚焦育人体系建设，提高创新型人才培养的质量。

二、高校创新型人才培养模式的运作机制

高校创新型人才培养模式主要包括三部分，即人才培养目标、人才培养的规格和人才培养的过程，它是一种以满足社会对创新型人才的需求为目标的人才培养模式。

（一）人才培养目标

高校创新型人才培养模式的目标是培养出具有创新思维、专业能力强、适应能力好、有独立思考能力的高级专业人才。这种模式强调的不仅仅是专业知识的掌握，更注重学生的创新能力、批判性思维和解决问题的能力的培养，以及人文素质的提升。

与传统的人才培养模式相比，创新型人才培养模式培养出的人才具有明显的优势。首先，他们具有较强的创新思维和创新能力，能主动寻找和解决

问题，对于不断变化的社会环境和工作需求具有较强的适应能力。其次，他们在专业知识和技能上的学习更加深入，能从不同的角度去审视和解析问题，因此在解决复杂问题时具有更多的策略和方法。最后，他们的人文素质较高，能理解和尊重不同的文化和观点，具有良好的沟通和协作能力。

（二）人才培养的规格

1. 创新能力规格

创新能力规格是对创新能力的标准化要求，主要涉及知识、态度、技能、行为等方面。

第一，在接受创新素质教育过程中的能力提升，包括逐步提高和发展创造性观察能力、创造性思维能力和创造性表达能力。创造性观察能力是指对事物的新视角和新理解，它让个体能够跳出传统的思维模式，以全新的角度看待问题；创造性思维能力则强调在解决问题或提出新想法时的思考方式，它鼓励开放性、灵活性和批判性的思考；创造性表达能力则注重如何有效地将创新的想法和观念表达出来，让别人理解和接受。

第二，个体在参加科技活动或社会实践活动中的表现，包括能否表现出一定的创造才能，以及能否撰写符合要求的科技论文。做到这两点都需要个体具有独立思考和解决问题的能力，同时也需要有良好的写作能力和沟通能力。

第三，在毕业设计过程中的表现，包括能否完成具有一定创新要求的设计课题，以及能否撰写富有新颖性、创造性的毕业论文。这需要个体能将所学的理论知识应用到实践中，同时也要能进行创新性的思考。

第四，在教师指导下从事一定的科学研究或技术创新工作的能力，这不仅需要个体具备扎实的专业知识，还需要有独立研究的能力，包括设计研究计划、收集和分析数据、撰写研究报告等。

2. 思想道德素质规格

思想道德素质规格是评价个体对社会价值观念、法律道德、行为准则等的理解、接纳与执行的标准，其主要包括以下几方面。

第一，政治观念方面，要求个体正确理解和坚持党的基本路线，坚持四项基本原则，拥护中国共产党的领导。这是对政治立场、价值取向的基本要求，也是塑造社会主义核心价值观的基础。

第二，理论学习方面，要求个体努力学习马克思列宁主义、毛泽东思想、邓小平理论、"三个代表"重要思想、科学发展观以及习近平新时代中国特色社会主义思想，并学会运用辩证唯物主义和历史唯物主义的立场、观点和方法分析现实生活中的政治、经济、文化和道德现象。

第三，法治观念方面，要求个体树立社会主义民主法治观念，自觉维护和遵守各种法律法规，严格遵守校规校纪。这既体现了个体对社会公序良俗的认可，也体现了他们的公民素质和道德品质。

第四，人生观和价值观方面，要求个体树立以社会主义，集体主义为核心的人生观和价值观，坚决抵制拜金主义、享乐主义和极端个人主义。这是对个体价值取向和人生目标的期待，也是对社会责任和公共精神的肯定。

第五，学习观念方面，要求个体明确学习目的，形成积极向上的学风，竭尽所能攀登科学文化高峰。这不仅体现了个体对知识的尊重和追求，也体现了他们对自我提升和发展的坚持。

第六，道德品质方面，要求个体养成高尚的社会主义道德品质和文明的行为习惯。这是对个体言行举止的要求，也是他们在社会生活中的基本素质和道德标准。

3. 文化素质规格

文化素质教育的主要目的在于让学生了解改造自然、改造社会及改造自身的重大文明成果，使学生能够从古今中外大量的人文社会知识和自然科学知识中吸取营养，陶冶高尚情操，形成与社会主义精神文明建设要求相符的高雅气质，以及积极向上的审美情趣，其具体规格如下。

一是要求学生掌握一定的文学、历史和哲学基本知识，这些知识是理解和分析社会现象、进行批判性思考的基础。

二是要求学生熟悉中国文化发展的基本脉络，了解中国近现代史上的重大事件、著名人物及经典名著，让学生更好地了解和传承中华文化，进而增强民族自豪感和文化自信。

三是要求学生了解世界近现代史上的重大历史事件、著名人物及经典名著。这有助于学生拓宽视野，了解不同文化背景，扩展国际视野。

四是要求学生学习文化艺术类课程，培养健康高雅的审美情趣，树立正确的审美观，从而提升学生的艺术素养，陶冶情操。

五是要求学生了解反映现代科学技术与知识创新的人文背景。这有助于学生理解科技进步对社会的影响，为未来的科技发展做出贡献。

六是要求学生了解现代企业制度下的企业哲学与企业文化基本内涵。这有助于学生更好地适应和参与现代企业的运营和管理。

七是要求学生了解与社会可持续发展战略相关的人文知识，正确掌握社会发展的方向，加深学生对社会责任和可持续发展的认识。

4. 业务素质规格

业务素质规格是对于一个专业人员应具备的能力和素养的一个清晰的定位。这个规格可用来指导学生如何在学习中获得适合他们未来职业发展的技能和素质，同时也是评估他们学习效果的标准。

一是强调学生在学习和完成作业时的诚实和独立性，在进行学习时不能作弊，应独立完成各项教学任务和作业，这样才能真正掌握知识，同时也能培养他们的独立思考能力和解决问题的能力。

二是强调尊重科学实验、科学研究以及社会调查研究活动中的数据和信息，客观地记录和总结这些实验数据和社会信息，要求学生具有科学的精神和严谨的态度，能够实事求是，不做主观臆断。

三是强调重视理论与实际之间的关系，要求学生能够将学习的知识与现实生活相联系，思考如何将这些知识应用到实际生产中，这样才能使他们的学习更有价值。

四是强调追求卓越和创新的意识，要求学生具有对高品质产品和技术创新的追求，能够在工作中持续进行改进和创新，不断提高工作效率和产品质量。

五是强调团体意识和合作精神，要求学生在生活和工作中应当能够相互合作，共同进退，这对于他们在职业生涯中的成功至关重要。

5. 身心素质规格

身心素质规格主要强调现代高级专业人才的全面发展，关注其身体健康以及心理状态，以此确保他们在生活和工作中都能保持良好的表现，从而实现其人生价值和社会价值。

一是具有健全的身体，保持良好的体能和体质，强调学生参加体育锻炼，以提升身体健康状况和适应力。强壮的体魄不仅对工作效率和质量有直接影响，也是保持良好生活品质的必要条件。

二是拥有良好的心理素质，具备健康的心理状态，能有效应对生活压力和挑战，具有稳定性、适应性和韧性。学生通过心理素质的培养，学习如何调节自己的情绪，正确处理人际关系，增强抗压能力和解决问题的能力。

（三）人才培养的过程

从理论层面上讲，人才培养如同企业的生产经营，都需要经历供应、生产、销售这三个环节，这三个环节相互联系，共同构建出人才的完整培养链条。

第一是"供应"环节。这个环节的主要任务是发现和选拔出具有潜力的人才。人才可能来源于不同的年龄阶段，既有刚刚从学校毕业即将步入职场的应届生，也有已经在社会上积累了一定经验的在职人员。通过各种方式，如考试、面试、评价等，选拔出最符合需求的人才，为人才培养提供基础。第二是"生产"环节，也就是人才的培养阶段。在这个环节中，教师实施教育，学生通过在校学习等方式，以知识、智力和素质为核心，获得全面发展。这个阶段的目标是塑造学生，使他们成为符合时代发展和社会市场经济所需要的高素质人才。第三是"销售"环节，即人才的输出阶段。高校培养出的创新型人才，通过就业市场，实现与企业的对接。在这个过程中，企业和学生进行双向选择，既有学生对工作的期望和选择，也有企业对人才的需求和挑选。这一环节的成功实现，意味着人才培养链条的完成。人才培养模式中的这三个环节是相互影响、相互制约的，只有三个环节都运作良好，人才培养才能达到预期的效果。

受到高等教育政策、就业政策及社会工作环境等因素的影响，高校的人才培养主要划分为两部分，即人才的供应、生产，但这些影响因素无法对高校人才培养方式产生根本的影响，因此，要从高校方面入手来论述创新型人才的培养过程。

第一，学制。相对于传统的、一成不变的学制，更多的高校正在尝试实施弹性的学制，这种学制对学生充满信任和尊重，没有强制的毕业时间，毕业时间根据学生的学习进度和成果来调整。优秀的学生能提前完成学业，需要额外时间来提升自身能力的学生也能得到满足。

第二，按阶段划分教育方式。按照阶段的不同，高校学生的教育可以分为两个阶段，即基础教育和专业教育。基础教育阶段强化学生的知识基础，拓宽学生的知识面，构建基础的知识框架；专业教育阶段则更加关注学生的专业技能和知识，强化其创新能力。

第三，课程设置。合理的课程设置应采用模块化的系统结构，以增加课程的逻辑性和条理性，有利于学生对知识的掌握和理解，培养其创新思维。模块化的课程设计既有助于学生理解课程内容，又可帮助他们形成跨学科的视野。

第四，学分制。学分制的实施有利于促进个性化教育发展，使得学生在完成基础素质教育的同时，能够根据个人爱好和特长进行选修，提高自身的创新能力。这一制度充分尊重了学生的主体地位，允许他们根据自身的需求和兴趣进行学习，从而更好地发展自己的特长和潜能。

第二节　高校创新型人才培养模式实施的影响因素、现实困境与突围之道

一、高校创新型人才培养模式实施的影响因素

（一）政策环境

作为社会的主导力量，政府对教育领域的政策制定和法规规定往往会直接或间接地影响高校的教学模式和培养方式。一个健康、开放和有利于创新的政策环境，能够为高校提供良好的外部条件，推动创新型人才的培养；反之，一个不利于创新教育的政策环境，则可能阻碍高校创新型人才的培养。

政府对创新教育的支持程度，决定了高校对创新人才的培养力度。如果政府高度重视创新教育，将会推出一系列政策鼓励和支持高校进行创新教育，包括提供资金支持、优化科研环境等。这将有力地推动高校提高教育质量，培养出具有创新精神和创新能力的人才；反之，如果政府对创新教育的支持程度较低，那么高校可能会面临资金、人才等方面的压力，影响创新型人才的培养。

政府对学术自由和学术研究的态度，决定了高校科研环境的开放程度。

学术自由是高校科研活动的重要保障，它可以激发教师和学生的创新思维，推动科学的发展。同时，政府对学术研究的态度也会直接影响高校的科研活动。如果政府鼓励并支持学术研究，那么高校的科研环境质量将会得到大大的提升，有利于培养学生的科研能力和创新精神。

政府对职业教育和通识教育关注的比重，决定了高校的教育重心。职业教育注重培养学生的专业技能，而通识教育则注重培养学生的综合素质。两者的比重需要适当，既要保证学生掌握专业知识和技能，又要提高他们的综合素质。另外，政府对学生权益的保护也会影响高校的人才培养。一个尊重学生权益的教育环境，能够保障学生的正当权益，有利于激发他们的学习积极性和创新精神。

（二）社会需求

社会需求对于高校创新型人才培养模式的影响力不可忽视。需求量和需求类型直接决定了学校专业设置的方向、课程内容的丰富程度以及人才培养目标的确定。高等教育不仅仅是为了传承知识，也需要密切关注社会变化，及时响应社会需求，从而培养出符合社会发展需要的创新型人才。

社会对创新人才的需求量是高校规模发展的基础。高校的招生规模、学科布局等都需要根据社会对创新人才的需求量进行合理的规划和调整。过多的供应可能导致人才市场饱和，甚至造成人才浪费，而供应不足则可能影响社会的正常运行和发展。因此，高校必须通过对社会需求的深入研究和理解，科学地确定其人才培养的规模和方向。

社会对创新人才的需求类型直接影响学校的专业设置和课程内容。社会对不同类型的创新人才的需求不同，这需要学校在专业设置上进行精细化的布局，对课程内容进行实质性的改革。高校应将社会需求作为专业设置和课程改革的导向，以培养出更具竞争力、更符合社会需求的创新型人才。另外，社会需求也决定了高校创新型人才培养目标的设定。只有明确了社会对创新人才的期望，学校才能设定出准确、明确、可操作的人才培养目标，从而提高人才培养的针对性和有效性。

（三）资源配置

在高校创新型人才培养模式实施中，资源配置是一个至关重要的因素，其涵盖诸多要素，包括教师资源、教学设施、科研设备以及资金投入等，这些资源的配置方式、数量和质量，都会直接影响教育质量以及人才培养的模式和效果。

教学设施和科研设备是实施高效教学和开展科研活动的必备条件。优质的教学设施可以提供良好的学习环境，帮助学生更好地理解和掌握知识。而科研设备的先进性和完备性，则决定了高校能否开展高水平的科研活动，进而培养学生的科研能力和创新精神。因此，高校需要对教学设施和科研设备进行科学的配置和有效的管理。

资金投入在高校的人才培养模式实施中起到决定性的作用。教育投入的充足性决定了高校能否拥有高质量的教师队伍、优质的教学设施和先进的科研设备。同时，资金投入也是开展教育改革、优化教学方式、激励教师教学、提高教育质量等一系列活动的基础。因此，高校需要做好教育经费的筹集和使用，确保教育投入的充足和有效。

（四）学校办学特色和优势

学校的办学特色和优势是一个学校与众不同的标志，同时也是吸引学生和教师、建立良好学术环境、提升学校声誉和影响力的关键。在实际操作中，高校需要结合自身的办学特色和优势，制定出科学合理、特色鲜明的人才培养模式，并通过不断实践和反思，不断完善和优化，以达到人才培养的最终目标。

办学特色是学校文化的重要组成部分，它体现在学校的教育理念、教学方法、专业设置、学术氛围等各个方面。清晰、独特的办学特色可以为人才培养提供明确的指导，帮助学生建立自身的知识体系和技能结构，形成自身的职业规划和人生价值观。因此，高校在培养模式的选择和实施中，需要充分考虑和利用自身的办学特色，以提升培养效果。

办学优势则是学校在教学资源、师资队伍、科研能力等方面相对其他学校所具有的优势，它为人才培养提供了重要的物质基础和保障。优秀的师资队伍能够为学生提供丰富的知识和广阔的视野，优质的教学资源能够提升学生的学习体验和效果，强大的科研能力可以为学生提供更多的创新学习机会。因此，高校在制定和执行人才培养模式时，应充分利用自身的办学优势，以实现人才培养的最大化效果。

（五）教师素质

教师不仅是知识的传授者，更是学生思想的引导者、能力的培养者和价值观的塑造者。教师的教学能力、科研能力和教育理念，直接影响着学生的学习体验、知识获取和能力提升，进而影响着整个人才培养模式的有效性和效果。

为了清晰、生动、有趣地传授知识，教师需要熟练掌握教学技巧，同时，还需要具备良好的教育沟通技巧，能够倾听学生的需求和想法，以便进行有效的教学指导和帮助。此外，教师还需要有足够的耐心和热情，以激发学生的学习兴趣和积极性。只有具备了这些教学能力，教师才能够实现知识的有效传授，进而支持创新型人才的培养。由此可见，教师的教学能力是教育过程的关键因素。

教师的科研能力也是影响人才培养模式的重要因素。科研能力不仅包括科学研究技能，还包括独立思考能力、解决问题的能力和创新能力。教师的科研能力可以为学生提供更广阔的学习视野、丰富的科研实践机会，帮助学生建立科学的思维方式和方法，激发学生的创新精神，从而更好地实现创新型人才的培养目标。

教师的教育理念是影响人才培养模式的根本因素。教育理念决定了教师对待学生的态度、对教育的看法以及教育行为的选择。如果教师的教育理念倾向于以人为本，注重培养学生的全面能力，那么，他们在教育实践中就会更注重启发式教学，鼓励学生自主学习，培养学生的创新能力，从而有利于实现创新型人才的培养。

（六）学生的个性和需求

每个学生都有他们自己独特的学习风格、兴趣、才能和目标，他们的需求和期望也各不相同。因此，高校的人才培养模式需要充分考虑到这些个体差异，以更好地满足学生的需求，促进每位学生创新能力的提升。

每个学生的学习风格都是独特的，有些学生可能更偏向于通过听觉学习，有些学生可能更偏向于通过视觉学习，还有些学生可能更善于通过实践操作来学习。如果人才培养模式能够考虑到这些学习风格的差异，并尽可能地提供多样化的教学方法和资源，那么学生就能更有效地吸收和掌握知识，进而提高他们的学习效果和满意度。同时，每个学生的兴趣和才能也是多样的。

有些学生可能对科学技术感兴趣，有些学生可能对艺术和音乐感兴趣，还有些学生可能对社会和人文科学感兴趣。如果人才培养模式能够充分尊重和支持学生的兴趣和才能，为他们提供丰富的课程选择和活动机会，那么学生就能更好地发展自己的潜力，实现自我价值。

另外，每个学生的职业目标和人生规划也是各不相同的。有些学生可能希望成为科研人员，有些学生可能希望成为企业家，还有些学生可能希望成为社区服务者。如果人才培养模式能够关注到这些职业目标的差异，并提供灵活的学习路径和就业指导，那么学生就能更有目标地规划自己的学习和职业生涯，更好地实现自己的职业发展。

二、高校创新型人才培养模式实施面临的现实困境

目前，我国诸多高校已经充分认识到创新环境氛围建设的重要性，也有越来越多的教育专家、教育学者将研究的重点转移到创新人才的未来发展方面。与此同时，社会对创新人才日益迫切的需求也促使高校学生深刻意识到创新能力对自身发展的重要性。这是一个良好的开始，但从我国教育总体情况来看，我国的创新人才发展仍处于起步阶段，现阶段创新人才的发展还面临着一些不容忽视的现实困境。这些困境主要包括以下几方面。

（一）资源匮乏

资源匮乏对于很多高校来说是一项常见的挑战，尤其是对于那些旨在培养创新型人才的高校来说，这个问题尤为突出。在当今的社会环境中，要想有效地培养创新型人才，就需要投入大量的教育资源，包括优秀的教师队伍、先进的实验设备、充足的课程资源，以及足够的研究基金等。然而，部分高校都因各种原因，无法提供充足的资源。

优秀的教师队伍是高质量教育的基石，他们不仅需要具备深厚的学科知识和丰富的教学经验，还需要具备创新精神和开放思想，以便培养出有创新能力的学生。然而，优秀的教师并不易于获取，需要投入大量的时间和金钱进行招聘和培训。此外，一些高校可能还要面临如何留住这些优秀教师的问题，这同样需要投入大量的资源。

先进的实验设备和丰富的课程资源对于创新型人才的培养至关重要。有了这些资源，学生就可以在实践中学习和掌握知识，而不仅仅是在课堂上听

讲。然而，这些资源的获取和维护都需要大量的资金。对于部分高校来说，尤其是对于那些资源本来就匮乏的高校来说，这可能是一笔不小的开支。

足够的研究基金是支持高校进行创新型人才培养模式研究的关键，这不仅可以提高学校的科研水平，也能够给学生提供实践和探索的机会，从而培养他们的创新能力。然而，获取研究基金同样需要大量的时间和努力，高校需要通过各种途径来寻求资金支持，如政府资助、企业合作、捐赠等。

（二）创新人才缺乏

面对日益增长的社会对创新型人才的需求，很多学生无法达到社会的严格要求，主要表现在学生在学术上缺乏创新思维，技术上缺乏实践能力，情感上缺乏社会责任感。这三个方面的缺失，既是当前高校教育的难题，也是影响创新人才培养的主要瓶颈。

学术上的创新思维是推动科学技术进步的重要动力，也是培养创新型人才的核心素质。然而，许多学生虽然学习了大量的知识，但在遇到问题时往往只会套用已有的解决方案，而不能从根本上对问题进行思考和解决。这种情况不利于学生的全面发展，也阻碍了他们成为真正的创新型人才。

技术上的实践能力是创新型人才必备的能力，这不仅能帮助学生将所学知识应用到实际中，也能帮助他们发现问题，提出创新的解决方案。然而，由于各种原因，许多学生在学习过程中没有珍惜和把握住实践机会，导致他们的实践能力不强，无法满足社会的需求。

情感上的社会责任感是创新型人才应有的价值观，这不仅能帮助他们在创新过程中始终坚持对社会的责任，也能帮助他们在遇到困难时坚持下去。然而，受到诸多因素的影响，许多学生在追求个人利益时，忽视了对社会的责任。

（三）社会认同度低

在目前的社会环境中，尽管创新型人才的培养在理论上得到了广泛的认同，但在实际操作中，社会对这类人才的接受度并不高。许多雇主和社会机构往往更倾向于那些传统的、具有稳定就业前景的职业类型。这种现象的存在使高校的创新型人才培养模式陷入了一定的困境。

这种困境首先表现在就业市场的需求上。就业市场是人才培养的重要反馈，它直接影响着人才培养模式的效果和方向。但在实际情况中，许多雇主对创新型人才的需求并不强烈，他们更加关注求职者的专业技能和工作经验，而不是创新能力。这使得创新型人才在就业市场上的竞争力相对较弱，也使得学生对创新型人才培养模式的接受度较低。

在许多社会和文化环境中，稳定的工作和收入被视为成功的标志，而创新往往意味着风险和不确定性。因此，许多人对创新型人才的理解和接受度有限，这无疑给创新型人才的培养和发展带来了一定的阻力。

三、高校创新型人才培养模式实施的突围之道

（一）拓展资源获取渠道

在当今的教育环境中，资源匮乏已成为部分高校在实施创新型人才培养模式时面临的重大问题。这些资源包括优质的教师队伍、先进的实验设施、丰富的课程资源以及足够的研究基金。这个问题尤其在一些中小型和地方高校中更为突出，因为它们在资金、设施和人才方面相对更加缺乏。然而，资源的匮乏并不意味着高校就不能实施创新型人才培养模式，尽管资源的匮乏是一个重大的问题，但它通过合理的策略和努力就能很好地得以缓解，高校可以通过多样化方式获取更多的资源。

高校可以加强与企业和政府的合作，争取更多的资金和设备支持。企业是高校的重要合作伙伴，它们可以为学校提供最新的设备和实验平台，也可以为学生提供实习和就业的机会。同时，政府也是高校的重要支持者，政府可以通过各种政策和资金项目，为高校的教学和科研活动提供支持。通过这样的合作，高校可以有效地获取更多的资源，从而改善教学和科研的条件。

高校可以尝试创新教学方法，比如在线教学、混合教学等，以提高资源利用率。随着信息技术的发展，远程教学和在线教学已经成为可能，这不仅可以使更多的学生接受教育，还可以大大节省教学资源。同时，混合教学模式也可以提高教学效果，它可以将传统的课堂教学和在线教学相结合，既保证了教学的深度，又拓宽了教学的广度。

另外，高校也可以通过内部的改革和优化，提高资源的使用效率。例如，可以改善课程设置和教学安排，避免资源的重复使用和浪费。还可以加强教师的培训和发展，提高他们的教学能力和科研能力。

（二）改革教学方法和课程设计

在当前的高等教育环境中，创新人才的缺乏是一个普遍存在的问题，尤其是在中国这样的大国中。在这种情况下，高校亟须通过改革教学方法和课程设计，更好地培养学生的创新思维和实践能力。

创新思维的培养是一个综合性和长期性的过程，它需要教育机构在教学内容、教学方法、教学评估等方面进行全方位的改革。在教学内容上，高校可以引入更多的跨学科知识，让学生能够接触到更广阔的知识领域，开阔他们的视野，刺激他们的思维；在教学方法上，高校可以尝试引入讨论式、案例式、研究式等活动型教学方法，以提高学生的主动性和参与性，培养他们的创新思维和实践能力；在教学评估上，高校可以尝试引入更多的创新性评估方法，比如项目评估、综合评估等，让学生在实际的操作和创新过程中得到反馈和提高。

高校还可以通过开设更多的实践性课程，提供更多的创新项目机会，鼓励学生进行自主学习和研究。实践性课程可以让学生在真实的情境中学习和运用知识，培养他们的实践能力和创新能力。创新项目机会可以让学生在实际的项目中锻炼自己的创新思维和实践能力，提高问题解决能力和合作能力。同时，高校还可以通过鼓励学生的自主学习和研究，培养他们的创新能力。自主学习和研究可以让学生在探索和发现的过程中提升创新思维和实践能力，让他们能够主动地思考和解决问题，而不是被动地接受知识和技能。

（三）加强高校与社会的沟通

为了提高社会对创新型人才的认同度，增强社会对创新型人才的理解和认知程度，高校可以从多个角度出发，通过加强与社会的沟通和合作，展示创新型人才的能力和价值，提供实习和就业机会，让社会真正理解和接纳创新型人才。这不仅有利于创新型人才的社会接纳，使社会更加了解和认同创新型人才，提高对创新型人才的重视，也有利于高校的教育质量和社会影响力的提升。

高校需要积极与社会进行沟通，传递创新型人才的培养理念、培养模式和培养效果。这可以通过举办各种学术研讨会、论坛、讲座等活动，邀请社会各界人士参与，共同探讨创新型人才的培养问题，共享创新型人才的培养成果来实现。通过这种方式，高校可以向社会传递出创新型人才的价值观，提升社会对创新型人才的认知。

高校可以通过举办各种展示活动，向社会展示创新型人才的能力和价值。例如，可以举办创新项目展示、科技成果展示、社会服务活动等，让社会看到创新型人才的实际表现，体验到他们的创新精神和实践能力。通过这种方式，社会不仅可以了解到创新型人才的理论知识和技术能力，更可以感受到他们的创新精神和社会责任感，从而提升对创新型人才的接受度。

高校可以与企业和社会机构深度合作，获得更多实习和就业机会，让社会直接感受到创新型人才的优势。通过实习和就业，创新型人才可以直接参与到社会实际工作中，展示他们的专业能力和创新能力，增强社会对他们的信任和认同。同时，企业和社会机构也可以通过与高校的合作，得到创新型人才的直接支持，实现共赢。

第三节　高校创新型人才培养模式的优化策略

一、面向国家重大战略需求，重塑人才培养目标

创新型人才培养模式的优化，需要面向国家重大战略需求，重新定位人才培养目标，注重全球化意识、创新思维和问题分析与解决能力的培养，同时强化思政教育，培养学生的社会责任感和家国情怀。通过这种方式，高校能够为社会培养出真正的拔尖创新型人才，推动我国在全球竞争中的地位实现进一步提升。

高校创新型人才的培养目标是培养出高质量的创新人才，这就需要高校在确定培养目标时具有足够的战略高度，着眼于未来的需求。国家战略和发展需求是人才培养的重要导向，只有将人才培养目标与国家战略和发展需求紧密结合，才能真正培养出能够对社会产生重大影响的创新型人才。高校应重新定位创新型人才的知识、能力、素质、人格等要素，以使他们具备满足未来需求的综合能力和素质，为培养出创新型人才和产生颠覆性创新成果提供更多可能性。

在培养创新型人才方面，创新思维和问题分析与解决能力的培养显得尤为重要。创新思维能使人才在面对复杂问题时，有独立的思考能力和创新的

解决方案。全球化意识则有助于他们站在更广阔的视野中观察问题，更好地在国际舞台上展现自我。因此，在人才培养的过程中，高校需要注重创新思维和全球化意识的培养，同时，加强问题分析与解决能力的培养，提高人才的实践能力和解决问题的能力。

人才培养不仅仅是知识和技能的传授，还包括人格的塑造和品格的熏陶，因此，高校需要增强培养目标的思政性，提高学生的社会责任感，培养他们的家国情怀和担当意识。教师通过言传身教、身体力行，引导学生树立社会责任感和高远伟大的志向，积极引领他们立大志、做大事。这不仅能够让他们在学术上达到高水平，而且能够使他们在为社会作出贡献的过程中，实现自我价值。

二、秉持人才出入双高标准，改革动态遴选机制

在当今日新月异的全球化世界，对于人才的需求越来越向高质量、高技能、高创新倾斜。教育体制也必须随之改变，以满足这种需求。创新型人才培养模式的优化策略需要秉持人才出入双高标准，即高门槛的录取和高标准的毕业，同时改革动态选拔机制，以更精准地遴选出有潜力的学生，为他们的未来发展铺平道路。

（一）在学生选拔阶段设置高准入门槛，进行多维矩阵式选拔

选拔创新型人才并非一蹴而就，它是一项旨在发现和发展学生各项潜力，同时衡量其适应未来挑战的综合能力的复杂任务。教育者已经意识到，仅仅依靠学业成绩来评价学生的能力和潜力是远远不够的，需要通过全面而深入的评估，来准确识别出真正具有创新潜力的人才。

创新型人才的选拔必须考虑到学生的综合素质，包括他们的领导能力、团队合作能力、解决问题的能力、批判性思维、适应能力等。这些都是评价学生是否具备未来成为创新型人才所必需的关键技能的重要标准。同时，选拔过程还应关注学生的学术兴趣和发展潜力。一个对特定领域充满热情的学生，在学术成绩上未必优秀，但却可能在未来的创新道路上走得更远。

在当前的社会环境中，压力无处不在，而如何有效管理压力，如何在压力中寻找机遇，如何在困难面前保持积极的心态，都是影响一个人能否成功的重要因素。因此，选拔创新型人才的过程还需要考查学生的抗压能力。

　　为了更全面、更准确地选拔出创新型人才，高校需要采用多种选拔方式和评估方法。奥赛选拔、自主招生、高考等方式都可以作为选拔的手段。同时，高校可以通过笔试、面试、心理测试等方式，从不同角度全面了解和评估学生的能力和潜力。另外，每个学科都有其独特性，因此，高校可以根据学科的特性设定不同的考察权重。例如，对于科学类的学科，高校可能更关注学生的逻辑思维和解决问题的能力；而对于艺术类的学科，高校可能更看重学生的创新能力和审美观念。

　　高校还可以与中学进行深度合作，提前设立招生观测点，通过延长招生的时间链和过程链，发掘出最有潜力的学生。这种合作方式不仅可以帮助高校更早地发现并培养有潜力的学生，也可以让学生有更充足的时间来了解高校的招生要求并做好准备，从而提高选拔的效果。

（二）在过程遴选阶段提高标准，健全滚动进出机制

　　高校需要对学生的综合素质和人格精神进行动态追踪和监测，加大对学生心理评估的力度，尤其是对他们的耐压性、抗压性的评估。对于不能适应或志向发生变化的学生，应提供柔性退出方案，尊重他们的选择，允许他们在大类培养的范围内自由选择专业。同时，对于学术志向明确、学科兴趣强烈、表现优异的学生，应提供动态进入的公平机会，使他们能够在创新型人才培养中得到更好的发展。

三、着力建设课程体系，完善过程性评价反馈

　　课程学习对学生的参与感、体验感、获得感产生着直接的影响。课程教学和学习评价的科学合理设计，不仅能提高教育教学的吸引力，还能充分调动学生的积极性。

（一）建设强调交叉创新力和国际领导力导向的课程体系

　　高等教育的核心是培养学生全面的素养，包括交叉创新力和国际领导力。为此，高校需要构建一种强调这些素质的课程体系。

　　高校需要打造一种具有深度和高度的大类基础课程，课程应涵盖各个学科的基本知识，让学生能够在学习过程中建立全面的知识体系。同时，高校还应设计一些贯通式跨学科通识课程，这种课程应该不局限于单一的学科，而是涵盖各个学科，鼓励学生跨学科学习和研究。

高校应设立一些重研讨与探究的模块化课程，让学生有机会在实际的研究和讨论中培养他们的独立思考能力和问题解决能力。这种课程的设计应该尽量灵活，让学生可以根据自己的兴趣和需要选择和组合课程内容。

同时，高校还应提供一些培养全球视野的国际化课程，让学生能够在学习中了解和认识全球的知识和问题，培养他们的国际领导力。

然而，只设置这些课程还不够，高校还需要对课程组合进行优化，避免课程组合的拼盘化局面。这就需要高校细化课程类别，明确不同课程类型的修读要求，提供更多的课程选择，让学生能够根据自己的兴趣和需要选择最适合自己的课程。同时，为了保证课程的质量，高校还需要建立一套课程质量标准，实行课程准入和退出机制，确保所有的课程都能达到一定的质量标准。

（二）优化过程性、形成性的学习评价反馈

与传统的以结果为中心的评价方式不同，过程性、形成性的评价更关注学生学习过程的发展和变化，重视学生的个体差异和个性发展，强调评价的反馈功能，促进学生的自我学习和成长。

过程性、形成性的评价反馈主要包括以下几个方面。

过程性评价关注学生的学习过程，包括学习策略、学习态度、学习方法、团队合作等各种能力和素养的形成和发展。观察和记录学生在学习过程中的表现，可以对学生的学习状态和学习问题进行及时的了解和反馈，有助于教师进行针对性的教学调整和指导，也可以帮助学生认识自我，提高自我调节和自主学习的能力。

形成性评价强调学习的成果和效果，通过对学生学习成果的定期和系统的评估，可以了解学生的学习成绩和学习进步情况，对学生的学习提供有效的反馈和支持。形成性评价不仅关注学生的知识和技能的掌握，更关注学生的深层理解和应用能力，以及创新和批判性思维的发展。

过程性和形成性评价的反馈功能是其最重要的特点。及时、反复、持续的反馈，可以使学生明确自身的学习目标，了解自身的学习进度和问题，从而进行有效的自我学习和自我调节。反馈不仅来自教师，也可以来自同伴和自我，它们构成了一个多元反馈的评价体系。

四、激发学术兴趣与学术志向，强化进阶式科研训练

科研训练不仅是学生科研能力和综合素质培养的重要途径，还是创新型人才培养的核心环节。构建循序渐进的科研训练体系，打造多点支撑的科研能力训练格局，能够让学生在各个阶段、各种丰富多彩的科研训练中得到更多的学习收获，有助于激发出学生浓厚的科研兴趣，帮助其树立远大的学术志向。

（一）提供开放性、多元化的科研训练参与途径

在当今的高等教育环境中，鼓励学生参与科研训练已成为关键的教学策略之一，因为它不仅可以帮助学生将课堂上学到的理论知识应用于实践，而且还能引导他们发展自己的学术兴趣和明确研究方向。为此，高校需要提供开放性、多元化的科研训练参与途径，让学生可以自由探索、实践和发展自己的科研能力和兴趣。

高校应鼓励学生自主选择课题和项目，这意味着学生不再是被动地接受教师分配的研究课题，而是可以根据自己的兴趣和特长自主选择研究领域和课题。这种自主性能激发学生的创新思维，使他们在研究过程中发挥主动性和创造性，更有可能在未来的学术生涯中产生重要的贡献。

高校应适当延长学生科研项目的研究时限，通过弹性化的时限规定推动学生学术兴趣与志向的长期性发展。长期的研究项目可以让学生有更充足的时间深入研究，逐步发展和深化自己的学术兴趣和研究方向，这对于培养他们的独立研究能力和创新思维至关重要。

高校应该建立一种融洽的师生科研合作关系。教师不仅是教授知识的人，也应是学生的科研合作伙伴，师生共同参与研究项目，分享研究成果。这种合作关系能增强学生的参与感和归属感，有助于激发他们的学术兴趣和志向。同时，高校应该积极建立宽松包容的学术创新氛围，举办各类科研成果汇报和分享活动，加强对学生科研成果的评价、管理和宣传。这种浓厚的科研氛围可以激发学生的学术热情，鼓励他们参与科研活动，发展自己的学术兴趣和研究方向。

（二）提供循序渐进的科研项目体验

在科研能力的培养中，获得循序渐进的科研项目体验是非常重要的。这个过程需要根据学生的个性化特征和专业基础知识的积累情况，合理安排相

关的科研训练内容，使得学生在学术研究和科研能力的培养中能由浅入深，逐步提升。

高校应在大一阶段就开始对学生进行科研训练的引导，设计适合的低阶科研训练内容。此时，学生的专业知识储备还不足，但可以通过参与基础科研项目，如完成文献检索、数据收集和初步分析等任务，来启发他们的学术兴趣，培养他们的科研素养，同时为他们积累必要的科研技能。进入大二和大三阶段，随着学生专业基础知识的增长，高校应设计适合的中阶科研训练内容。学生此时可以参与更复杂的科研项目，如进行实验设计、数据分析、初步论文写作等工作。这些活动可以帮助学生更好地理解科研过程，提高他们解决问题和独立思考的能力，同时也可以提升他们的团队合作和交流能力。到了大四阶段，学生已经具备了一定的科研能力，此时高校应提供高阶的科研训练机会。这包括自主设计和执行科研项目，进行深度研究，甚至发表学术论文。通过参与这些高阶科研活动，学生可以全面提升自己的科研能力，从而完成科研从入门到精通的转变。

另外，高校应加强与其他高校、科研机构、企业的产学研合作，提供丰富的科研资源和广阔的实践平台，为学生提供更多的科研探索和科研训练机会。这不仅可以让学生在实践中锻炼和提升自己的科研能力，而且可以让他们在实际的工作环境中了解科研的全貌，理解科研的价值，激发他们更强的科研兴趣和热情。

五、改进服务与激励，建设结构优良的高配师资团队

高质量的教师团队是人才培养的基石，其服务与激励的改进、结构的优化，是高校创新型人才培养模式的重要优化策略之一，这需要学校在章程、资源等方面的大力支持，以及全社会，包括教师、学生、家长和社会各界的共同参与，由此才能培养出真正的创新型人才，为社会的发展贡献力量。

（一）改进教师服务与激励

教师是教育过程中的关键角色，他们的聘任、服务和激励体系对于高等教育的质量和效果至关重要。因此，高校需要重新审视和调整这一体系，确保吸引并留住那些既有深厚专业知识底蕴，又具备教学热情和教学技能的教师。

聘任机制是确保教师队伍质量的基础。聘任过程中需要全面、公正地评估应聘者的专业知识、教学技巧和热情，选择最符合高校需求和学生需求的教师。同时，应充分尊重和考虑教师的专业发展愿望，以激发他们的工作热情和积极性。服务体系则是保障教师良好工作状态的保障。高校需要提供足够的资源，如时间、空间、设备和人力，以支持教师进行高质量的教学和研究。同时，还需要设立完善的教师评价和反馈机制，及时了解和解决教师在工作中遇到的困难和问题，以确保他们能在最佳的状态下进行教学和研究。激励机制是促使教师持续提升自我、追求卓越的动力源。高校需要设立各种奖励机制，如教学成果奖、科研成果奖等，以表彰和鼓励教师的优秀表现。同时，高校还需要激励教师在教学和科研之间取得适当的平衡，鼓励他们同时关注学生的学习和科研指导，以更好地促进学生的全面发展。

高校还应构建长期性、系统性的教师培训机制，以提升行政教师、辅导员对于学生的管理能力、服务能力及自身专业化水平。这可以通过定期的内部培训、参与国内外的专业研讨会、研修课程等方式实现，以确保教师队伍的专业化、现代化和国际化。

（二）加强学术大师深入一线教学，建设高配的产学研结合师资队伍

学术大师和顶尖学者有着深厚的学术底蕴、丰富的教学经验和先进的教育理念，能够大大提高教学效果，激发学生的学习热情和创新意识，对于提升高校的教学质量和培养创新型人才有着重要的作用。

学术大师具有深厚的专业知识和理论素养，能够准确把握和传授学科的前沿知识和发展趋势，让学生直接接触到学科的最高境界，这对于培养学生的专业素养和学术兴趣，提升他们的学习效果具有重要的作用，同时有助于提高教学的权威性和引领性。学术大师通常有丰富的实践经验和广阔的学术视野，能够将理论知识和实际问题有机结合起来，以案例教学、问题导向等方式，提高教学的实践性和应用性，培养学生的实际操作能力和问题解决能力。学术大师通常具有敏锐的洞察力和创新精神，能够从教学实践中发现问题，提出改革和创新的建议，推动教学的持续改进和发展。

高校应通过各种方式，如人才引进计划、兼职教授制度等，吸引更多的学术大师和顶尖学者参与到教学中来。同时，高校还应加强与其他科研机构、学术组织和企业的合作，引入外部专家学者，构建产学研结合的教学体

系，为学生提供丰富的学习资源和实践平台，营造一个充满活力和创新的学习环境。

六、注重个性化管理，构建开放共享的保障支持体系

构建一个注重个性化管理、开放共享的保障支持体系，对于提升教育质量、培养学生的创新能力以及满足学生的差异性成长需求具有重要的意义。

（一）完善各项制度规范，健全个性化管理模式

个性化管理模式的核心在于充分尊重和满足学生的个性化需求，以学生为中心，构建符合学生发展规律的教育管理体系，助力学生全面发展和个性成长，从而培养创新型人才。

首先，完善学籍管理制度。学籍管理制度应当充分考虑学生的个性化需求和发展规律，实现学籍信息的动态管理和更新，使得学生的学习和发展状况能够得到准确地反映。具体来说，可以通过设计灵活的注册、选课、转专业等政策，给予学生更多的学习选择，同时也应当制定适当的考勤和成绩管理政策，保证学生的学习秩序和学术品质。

其次，完善转换学分制度。通过学分制度，学生可以根据自己的兴趣和发展方向选择课程，并通过完成课程获取学分。转换学分制度可以让学生在不同学科或者专业之间灵活调整学习路径，实现知识结构的优化和能力的提升。

再次，完善导师制。在导师制下，导师可以根据学生的兴趣和特长提供个性化的指导和帮助，帮助学生明确学习目标，优化学习策略，提升学习效果。导师制的实施需要打破学院之间的管理壁垒，实现师生间的深度交流和紧密合作。

最后，高校可以成立专门的管理部门和组织机构，负责对教育资源进行合理调配和整合，根据学科、专业以及年级的不同，设置分类管理模式，打造专属化的管理模式。这种模式需要从学生的具体情况出发，充分考虑学生的特性和需求，提供个性化的教育服务，提高教育效率和质量。

（二）集结多渠道的资源投入，建立开放共享的保障支持体系

在高等教育领域，集结多渠道的资源投入，建立开放共享的保障支持体系，将在多个方面激发学生的学习兴趣，提供丰富多元的学习资源和创新平

台，同时也将大幅度提升学生的实践能力，培养其创新精神。

深化校企合作，打通理论与实践的桥梁。与校外科研机构和企业建立深度合作关系，可以让学生在学习过程中深入了解产业前沿技术和市场动态，促使他们在实践中将所学理论知识转化为解决实际问题的能力。学生的参与也能促进科研成果的转化和产业的升级，形成学校、企业和学生三方共赢的局面。

公众力量的调动。这主要表现在资金支持和研究项目的开展上，如通过社会捐赠、企业赞助等方式获得资金支持，设立奖学金、科研基金等奖励制度，激励学生积极投身科研和学习。同时，高校可以与公益组织、企事业单位等外部机构共同开展项目，为学生提供广阔的实践平台。

开放共享的资源合作体系。高校应利用互联网技术，与其他高校、科研机构以及产业界等开展资源共享，这些资源可以是优质的在线课程、科研数据、研究报告、实验设备等。这种开放共享不仅可以帮助学生扩大学习视野，获取最新的学术资讯，还能培养他们的团队协作能力和解决复杂问题的能力。

保障支持体系。建立一个稳定、全面的保障支持体系，提供良好的学习环境、实验设备、科研基金、实习实践平台等，保证学生能充分发挥自身潜力，进行深入的学习和研究。

第七章　创新型人才培养之队伍建设

第一节 高校创新型师资队伍建设的现实诉求与价值意蕴

一、高校创新型师资队伍建设的现实诉求

（一）高校教师的创新性影响着学生的创新能力

在现代社会，创新能力的重要性日益显著，这种能力不仅包括科技领域的创新，也包括思想、社会和文化等各个领域的创新，特别是在高等教育领域，创新能力的培养被赋予了极高的期待。作为培养学生创新能力的主要角色，高校教师的创新性直接影响着学生的创新能力，这使得高校创新型师资队伍的建设显得尤为必要。

教师的创新性能够提供创新教学模式，激发学生的创新潜能。教师的教学方式、方法和态度能直接影响学生的学习效果。传统的教学模式往往着重于知识的传递，对学生思维能力和创新能力的培养造成不利影响。如果教师具有创新性，他们可以尝试各种新的教学方式，如翻转课堂、项目式学习、团队协作等，这些方式能让学生更加主动地参与学习，激发他们的创新思维。

教师的创新性能够帮助学生理解和接纳创新。教师的言传身教对学生产生深远的影响。如果教师能在教学和研究中展现出创新精神，能勇于尝试新的教学方法和研究方向，他们的行为和态度会被学生学习和模仿，从而帮助学生认识到创新的重要性，接纳和追求创新。

教师的创新性有助于高校开展更有效的创新教育。教师是高校教育的重要组成部分，他们的创新性可以为高校教育提供新的思路和方法，帮助高校设计和实施更有利于学生创新能力培养的课程和活动。此外，教师的创新性也能帮助高校更好地适应社会发展的需求，满足社会对创新型人才的需求。

（二）人才培养转型升级的迫切要求

创新型师资队伍的建设能够满足人才培养的新需求，这是因为传统的教学模式已经不能完全适应当今社会对人才的要求和挑战。传统教学注重知识的灌输和应试技巧的培养，不利于学生创新能力和实践能力的培养。然而，现代社会对人才的需求已经发生了巨大的变化，更加强调创新能力、团队合

作能力和解决问题的能力。而高校通过建设创新型师资队伍，促进教学方法和教学内容的创新，有助于培养学生的创新意识和实践能力，提高他们解决问题的能力，发掘其创新的潜力，使其能够适应社会发展的需求，同时实现人才培养转型升级。

创新型师资队伍能够引入新的教学理念和方法，激发学生的创新意识。创新型师资队伍注重教学的个性化和多样化，通过项目学习、案例分析、实践活动等方式，激发学生的创新思维和实践能力。他们注重培养学生的自主学习和团队合作能力，通过小组讨论、项目合作等形式，培养学生的创新意识和创造力。创新型师资队伍能够通过创新的教学方法和教学内容，将知识与实际问题相结合，帮助学生将所学知识应用于实践，提高他们解决问题的能力和创新的潜力。

创新型师资队伍能够提供更广阔的学习平台和资源，培养学生的实践能力。创新型师资队伍与产业界、企业合作，为学生提供实践机会和实践项目，使学生能够将所学知识应用于实际项目中，锻炼他们的实践能力和创新能力。创新型师资队伍能够引入最新的科研成果和技术，为学生提供与实际需求和市场接轨的学习资源，使学生在学习中接触到前沿的知识和技术，提高他们的创新能力和竞争力。

创新型师资队伍能够培养学生的团队合作和沟通能力。在现代社会中，创新往往是团队协作的结果。创新型师资队伍注重培养学生的团队合作和沟通能力，通过小组合作、团队项目等形式，培养学生的团队协作和沟通能力，使他们能够在团队中充分发挥自己的优势，共同完成创新项目。这种团队合作和沟通能力的培养不仅有利于学生的创新能力的提升，也培养了学生的社交能力和领导能力，使他们在职业发展中更具竞争力。

（三）教师个人职业发展的现实需要

在当今竞争激烈的教育行业，教师要想在职业发展中取得突破和进步，必须具备创新能力。创新能力是教师专业素养的重要组成部分，能够提升教师的综合能力和竞争力，为个人在职称评定、职务晋升和职业发展等方面创造更多的机会和可能性。

创新能力提高可以帮助教师提升综合素质和专业水平。创新能力要求教师具备开拓进取的精神、独立思考的能力和解决问题的能力。教师通过创新能力的提升，能够更好地适应教育教学的新要求和新变化，能够提供更富有创意和个性化的教学方案和方法。这将提升教师的教学质量和效果，提高学生的学习成果和满意度，从而为个人职业发展打下坚实的基础。

创新能力提高可以为教师创造更多的职业机会和更大的发展空间。创新能力是教师职业发展中的一项重要竞争力。教师具备创新能力可以在教学实践中不断改进和创新，积累丰富的教学经验和成果。这些经验和成果可以体现在教学评估、科研项目和教育论文等方面，为教师的职称评定、职务晋升和职业发展提供有力的支持。此外，创新能力还能为教师开拓更广阔的领域和提供更多的机会，如参与教育教学研究、担任学科带头人或学科团队负责人等，进一步提升个人在教育界的影响力和地位。

创新能力提高可以帮助教师在职业发展中不断成长和进步。创新能力的提升需要教师具备持续学习和自我发展的意识。教师能够通过不断学习新知识、掌握新技术和参与专业培训，拓宽自己的知识视野和专业领域，提高自己的学术造诣和创新思维能力。同时，教师还可以通过参与学术交流、发表研究成果和参与行业会议等方式，与同行进行思想碰撞和经验分享，不断提高自己的学术声誉和专业影响力。这种持续的学习和成长将为教师在职业发展中提供更多的机会和挑战，使个人能够不断迈向更高的职业阶段，拥有更广阔的发展空间。

二、高校创新型师资队伍建设的价值意蕴

高校创新型师资队伍的建设具有重要意义，主要体现在以下几方面，如图 7-1 所示。

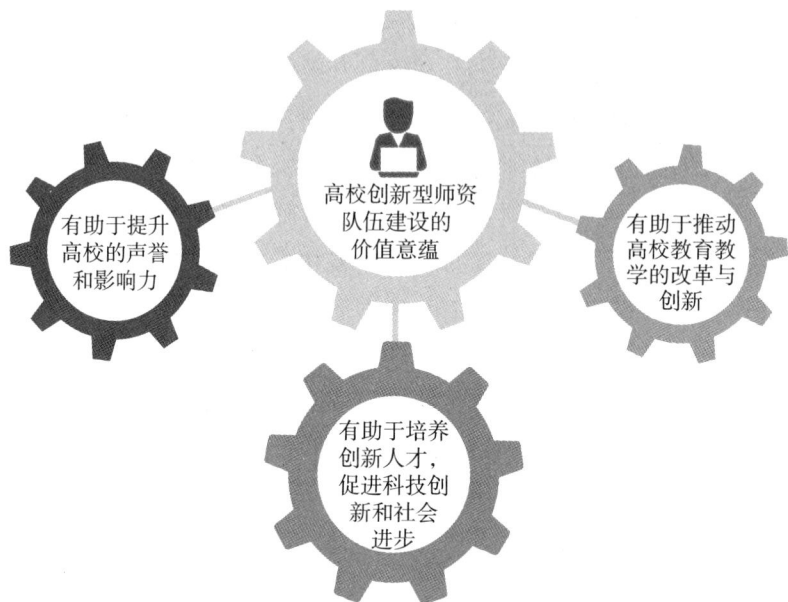

图 7-1　高校创新型师资队伍建设的价值意蕴

（一）有助于提升高校的声誉和影响力

一支高水平的创新型师资队伍是高校竞争力的重要体现，也是吸引优秀学生和教师的关键因素。拥有优秀的创新型师资队伍将对高校产生积极影响，进而提升高校的声誉和影响力。

优秀的创新型师资队伍吸引优秀学生。学生选择高校时往往会考虑其教学质量和师资水平，尤其是对于追求创新和个性发展的学生来说这一点尤为重要。具备创新意识和能力的教师能够为学生提供更具有挑战性和创造性的学习环境，激发学生的学习兴趣和动力。创新型师资队伍注重培养学生的创新思维和实践能力，为学生提供多样化的创新教育和实践机会，使他们能够充分展示自己的创新潜力和能力。这样的学习环境和机会吸引了众多优秀学生选择该校就读，进而提升了高校的声誉和竞争力。

优秀的创新型师资队伍吸引优秀教师。教师是高校的核心资源，而优秀的教师往往愿意加入具有创新氛围和更多发展机会的高校。创新型师资队伍展现了教师的专业能力和创新能力，他们能够为教师提供广阔的发展平台和良好的工作环境。这吸引了更多优秀教师加入，优化了高校的教学力量和科研水平，提升了高校的学术声誉和影响力。优秀教师的加入进一步推动了高校的创新发展，形成了良好的师生互动和学术交流氛围。

优秀的创新型师资队伍提升高校的教学和科研水平。创新型师资队伍注重教学方法和内容的创新，引入前沿的教育理念和教学技术。他们能够运用创新的教学手段和多样化的教学资源，提高教学效果和学生的学习成果。同时，创新型师资队伍积极参与科研活动，推动科研成果的产出和应用。他们与产业界、企业合作，将科研成果转化为实际应用，推动科技创新和社会进步。这种教学和科研的创新能力提升了高校的教育质量和科研水平，进而提高了高校的声誉和影响力。

（二）有助于培养创新人才，促进科技创新和社会进步

高校是人才培养的重要阵地，师资队伍的创新能力直接关系到国家创新能力的提升和经济社会发展的竞争力。高校能够通过培养具备创新精神和创造力的人才，为社会培养更多可以推动科技创新和社会进步的人才。创新型师资队伍通过科研项目、科技成果转化和创新创业的引导和支持，培养和储备了大量的创新人才，为社会创新能力的提升和经济社会的可持续发展提供了重要的支撑。

创新型师资队伍能够培养创新人才。教师具备创新思维和创造力，能够激发学生的创新潜能和创业精神。创新型师资队伍注重培养学生的创新能力和实践能力，通过开设创新课程、组织创新实践项目和科研实践等方式，引导学生参与科技创新和创业活动。他们不仅传授学科知识，更重要的是培养学生的创新意识、解决问题的能力和团队合作精神。通过这样的培养，高校能够培养出更多具备创新能力的人才，为社会创新能力的提升提供源源不断的人才支持。

创新型师资队伍能够促进科技创新和社会进步。高校教师作为科研和创新的主力军，具备丰富的学科知识和研究经验。创新型师资队伍积极参与科研项目，推动科研成果的转化和应用，促进科技创新的产出。他们与产业界、企业合作，将科研成果转化为实际应用，推动科技成果的商业化和社会化。同时，创新型师资队伍也鼓励学生参与科研活动，培养学生的科研能力和创新精神。通过科研和创新实践，高校能够为社会培养更多具备创新能力的人才，推动科技创新和社会进步。

创新型师资队伍通过创新创业的引导和支持，为经济社会的可持续发展提供重要的支撑。他们能够培养学生的创业意识和创业能力，帮助学生实现创业梦想。创新型师资队伍与创业孵化中心、科技园区等相关机构合作，提供创业项目的指导和支持，帮助学生将创新成果转化为创业实践。他们注重创新创业教育的全过程培养，从创意孵化到商业化运作，培养学生的创新创业能力和创业精神。通过创新创业教育，高校能够为社会培养更多具备创新能力和创业精神的人才，推动经济社会的可持续发展。

（三）有助于推动高校教育教学的改革与创新

现代教育领域正面临着巨大的变革和挑战，传统的教学模式已经不能满足学生的需求。创新型师资队伍具备敏锐的洞察力和前瞻性思维，能够主动适应和引领教育改革的潮流，能够运用新的教学理念、新的教育技术和新的教学方法，推动教学过程的个性化、多样化和创新化，使教育更加符合学生的需求和社会的发展。

创新型师资队伍能够引领教育理念的创新。传统的教育模式以教师为中心，注重知识的灌输和学生的被动接受，忽视了学生的主体性和创造性。而创新型师资队伍具备前瞻性思维和教育创新意识，能够提出并实践新的教育理念，如学生中心教育、启发式教学、问题导向教学等。他们重视培养学生的创新思维、动手能力和解决问题的能力，注重培养学生的综合素养和创新能力。创新型师资队伍能够通过创新的教育理念引领教学实践，推动教育教学的改革，为学生提供更具个性化和创新性的学习体验。

创新型师资队伍能够运用新的教育技术和工具，推动教学过程的创新化。随着信息技术的发展和应用，教育技术已经成为教学改革的重要支撑。创新型师资队伍具备对教育技术的敏感度和运用能力，能够熟练地运用多媒体、网络教育、虚拟实验室等教育技术，丰富教学手段和资源，提供更加灵活、多样和互动性强的教学环境。他们能够借助教育技术创新，开展远程教育、在线教育、个性化教学等创新实践，提高教学效果和学生的参与度，推动教学过程的创新化。

创新型师资队伍注重教学方法的创新，推动教学过程的个性化和多样化发展。传统的教学方法以讲授为主，缺乏互动和合作的元素，难以激发学生的主动性和创造性。而创新型师资队伍能够运用多种教学方法，如案例教学、小组合作学习、问题解决学习等，使学生积极参与课堂活动，发挥主体作用，培养创新思维和解决问题的能力。他们注重培养学生的批判性思维、创造性思维和合作能力，使教学过程更加灵活、丰富，激发学生的创新潜力。

第二节　高校创新型教师的素质特征及影响因素

一、高校创新型教师的素质特征

（一）独立开放的人格特征

高校创新型教师的人格特征是他们作为创新型人才的独特魅力所在，他们有独立自主的态度，不依赖他人，坚持自我价值观和教育理念，勇于质疑与反思，拥有强大的自我驱动力，积极面对教学挑战。高校创新型教师独立开放的人格特征的素质要素主要体现在四方面，如表7-1所示。

表7-1　高校创新型教师独立开放的人格特征的素质要素

素质要素	主题描述	自由节点
独立自主性	在教育教学活动中具有自己的意志和自主行动的倾向，不屈从于权威	自我意识；自主性；主动性；独立性
求知探索性	对学习、了解和掌握新知识和探索未知的渴望	好奇心；渴求知识；学习热情；善于钻研；喜欢挑战
开放包容性	对周围的人、事物、现象表现出一种豁达、宽广、大气姿态，乐于接受新思想、新事物	开放意识；乐于分享；提倡民主；包容；理解多元化
灵活机敏性	根据环境和自身情况，对特定的对象在思维和行为上积极进行变通调整	教学机智；感觉敏锐；观察力；多角度思考

1. 独立自主性

对于高校创新型教师而言，其核心人格特征之一就是独立自主性，这种独立自主性首先体现在对教育教学活动的主导上，他们不仅有自己的教育教学理念，而且能够按照这种理念行事，不会轻易被外界的权威所影响或束缚。他们敢于质疑传统的教学方式，敢于尝试新的教学方法和技术，而且敢于承担尝试的风险和责任。

创新型教师的独立自主性也体现在主体性上，在教育教学活动中，他们能够自觉地行动，他们的行动是出于对教育的深刻理解和坚定信念。他们的行为与创新理念是一致的，他们不仅是教育的参与者，更是教育的改革者。他们深知教育的目的不仅是传授知识，更是培养学生的独立思考能力和解决问题的能力。他们尊重学生的个性和创新性，鼓励学生积极思考，鼓励学生发表自己的观点，鼓励学生参与课堂活动，而不是简单地接受知识。

独立自主性还体现在他们对教育的自我要求和自我完善上，他们不满足于教育的现状，总是寻求更好的教育方法和技术。他们始终坚持自我学习、自我发展。他们对教育的热情和执着，使他们能够不断突破自我，实现自我超越。

2. 求知探索性

创新型教师有着较强的求知探索性，其在教育教学中经常表现出敏锐的洞察力和积极的思考态度。创新型教师在生活和学习中对知识有着较高的渴望和追求，有强烈的好奇心和求知欲，喜欢钻研，敢于质疑，勇于冒险，不怕失败，不满足于现状，总是追求更高的教育目标和更优的教育效果。他们的求知探索性使他们在教育教学中实现自我价值的提升和实现。

在对学生的教育和引导上，创新型教师注重方法的传导和能力的培养，鼓励学生探索问题，善于质疑，习惯于通过多角度、多层次的提问，启发学生思考，引导学生通过多角度、多层次进行思考。他们保护学生质疑的自尊心和积极性，鼓励学生勇于表达自己的观点和想法，以此培养学生的创新思维和独立思考能力。

在教育教学的创新和改革上，创新型教师面对重复的教学工作，不会厌倦和麻木，而是通过立足新的教学角度，吸收新的教学经验，不断更新自己的教育观念和教育技巧。他们认为，没有千篇一律的教学方法，也没有相同的学生，每一次教学，都是新的挑战和新的机会。他们的课堂总是充满新鲜感、敬畏感和好奇心，他们的教学总是焕发生命的魅力。

3. 开放包容性

开放包容性是指教师的视野和思维在广度和深度上的拓展，他们不仅善于获得新的信息和观念，乐于接受新鲜事物，善于与他人合作，能够听取和吸收不同意见，而且具有变通和包容的精神，具有多元价值观，能够从多维度分析现象，研究问题，倾听不同的声音。

在开放意识上，创新型教师认为创新过程是开放的，只有在思维和视野上开放，才能做到在教育教学中创新。他们对各种新观念和信息做出快速的反应和决断，不断更新自己的教育理念和教育方法。

在教学实践中，创新型教师可以创设开放性的教学课堂，不仅注重教学内容的开放，也注重教学方法的开放，鼓励学生自主学习、积极参与、大胆创新。他们乐于与他人分享合作，认为教学是一个集体的创造过程，需要教师、学生、家长和社会的共同参与。

另外，创新型教师具有民主和宽容的性格特点，能包容不同的观点、态度和兴趣，尊重每一个学生的个性和特长。他们能理解多元化的学生，接纳多元文化，尊重学生的差异，鼓励学生发展自己的特长。

4. 灵活机敏性

创新型教师的灵活机敏性表现在对教育教学过程中的各种变化能迅速作出反应，适时地调整教学策略，并以敏锐的感觉捕捉教学的时机。他们思路清晰，表达能力强，具有专业智慧，并能在教学风格上灵活变换各种方法，以激发学生参与和交流的积极性。他们对学生的课堂反应有较强的敏感性，能凭直觉教学，不拘泥于现有的规则或既定的程序。

教育机智是创新型教师的机敏性的重要表现，这种教育机智体现在他们面对突发事件能够及时而正确地作出判断，随机应变，采取恰当的措施来解决问题。他们善于临场捕捉学生在现场表现出来的积极因素，抓住学生的闪光点，加以引导和激发，化为积极的行动。这种教育机智是一种应激的智力过程，是教师灵活性和机敏性的统一，它在课堂教学中集中展现了教师教学的智慧美，是创新型教师在面对特殊的教学情境时最具灵性的一点。

创新型教师的灵活机敏性还体现在他们的丰富想象力上。想象力是一个人丰富的内心精神世界和开阔充实的人格的反映，也是他们善于多途径、多角度去思考问题的关键。他们能明晰方法学的实际内涵，能够接纳不同的观点，提出见解。创新型教师对学生发展和教学方法、教学情境充满了想象力。他们在教学中善于合理猜想、大胆预测，能够在教育教学活动的形式和方法方面运用丰富的想象力，并能收获突出效果；他们能够脱离教学必须遵循的常规框架，进行别出心裁的教学设计。他们的独特想象力是他们教育工作充满生机的源泉。

（二）发散求异的思维品质

思维是人脑对客观事物本质属性和内部规律的间接反映。思维是人类特有的认知活动，对基本知识的学习、对基本规律的掌握和从事创造发明活动，都需要依靠思维才能实现。高校教师的思维品质无疑对其教育教学活动产生着非常重要的影响，不仅以无意识的方式影响着其自身的教学思维，还悄无声息地影响着课堂教学策略。高校创新型教师发散求异的思维品质的素质要素如表 7-2 所示。

表 7-2　高校创新型教师发散求异的思维品质的素质要素

素质要素	主题描述	自由节点
发散思维	对教育教学问题或现象进行多角度、多方向的思考，寻求多种解决问题的方法	寻求一题多解；发散思维的方法，把握发散点
求异思维	追求与众不同、别出新意的思维倾向	尊重"非期待答案"；重视差异性；思维独特性、洞察力
逻辑思维	以判断和推理为思维形式，用分析、综合、比较、概括等方法揭露事物本质	归纳方法；演绎方法；知识间的关系；高智力
联想思维	根据事物之间具有接近、相似或相反的特点，进行由浅入深、由里到外的思考	想象力丰富；善于联想；相似联想；对比联想
批判思维	依据一定的标准，进行合理的反思性的思维追求	善于质疑；反向思维；自我批判

1. 发散思维

发散思维指的是能够从多元化的角度理解和解决问题，对问题进行深入广泛的探索。创新型教师在处理教育教学问题时，发散思维的运用能使他们摆脱固有的模式，从不同的角度和层面对问题进行分析和解决。在教学过程中，他们注重启发学生的想象力和创造力，鼓励学生自由表达，这种开放、非线性的思维方式有助于学生在理解知识的同时，形成独立的思考能力。

2. 求异思维

求异思维是指对不同的，甚至是对立的观点持开放态度，乐于接受和尝试新的可能性。在创新型教师的教学过程中，求异思维使他们不断探索新的教学方法，不拘泥于旧的教学模式，勇于接受和尝试新的教学理念。在面对学生的不同观点时，他们能欣然接受，鼓励学生提出自己的思考，这有助于培养学生的批判性思考能力和创新精神。

3. 逻辑思维

逻辑思维是教师进行科学教学、明确逻辑关系的重要工具。创新型教师在教学过程中能准确理解和运用教学内容的内在逻辑关系，使教学内容形成清晰的结构，使学生更好地理解和掌握知识。同时，他们能将逻辑思维训练融入教学中，引导学生通过观察、思考和推理，发现问题、分析问题和解决问题，培养他们的逻辑思维能力。

4. 联想思维

联想思维指的是将看似无关的知识点联系起来，形成新的认识和理解。在教学过程中，创新型教师利用联想思维将教学内容与生活实际和其他知识领域相联系，使教学内容更具生活性和跨学科性，激发学生的学习兴趣，增强他们的学习动机。同时，他们鼓励学生在学习过程中积极运用联想思维，拓宽学习视野，提高学习效率。

5. 批判思维

批判思维是创新型教师在教学中必备的一种思维能力，它可以帮助他们对教学内容进行深度分析和反思，发现并解决问题。他们会鼓励学生进行批判性思考，对知识和现象进行独立的、深入的分析和反思，以培养他们的独立思考能力和判断能力。批判思维也是创新的基础，批判现有的知识和方法，才能发现新的可能性，实现创新。

（三）广博精深的知识体系

知识是创新的基础和前提，一个人如果具备渊博的知识，就能为创新奠定良好基础。高校教师的知识体系是其在教育教学活动中作出正确决策判断的重要基础，教师知识体系的构建与完善是教师教育的重中之重。

1.知识结构

创新型教师的知识主要包括科学文化知识、学科专业知识、教育学科类知识、个人实践知识、方法论知识。创新型教师的知识结构特征主要体现在以下几方面。

（1）知识的高度。知识的高度体现了创新型教师在其专业领域内具有的理论深度和水平。高校创新型教师不仅精通自己的专业知识，而且了解相关学科的最新研究成果和趋势。他们能从更高的视角理解和解析教学内容，为学生提供丰富而深入的学习经验。他们不断追求知识的高度，通过深度学习和研究，更新和提升自己的知识水平，使教学质量得到不断提升。

（2）知识的深度。知识的深度指的是教师在他们专业领域内的深入了解和理解。这些教师不仅掌握基本的教学知识，而且深入研究教学理论和方法，理解它们的内在联系和规律。他们在理论研究的基础上，灵活应用教学知识，通过富有深度的教学内容提升学生的理解能力和学习兴趣。

（3）知识的广度。知识的广度涵盖了教师掌握的跨学科知识和多元化视野。创新型教师不仅掌握本专业知识，而且了解相关领域的知识。他们从多元化的视角对待教学，不断扩宽知识领域，丰富教学内容。这种宽广的知识视野有助于他们在教学中跨学科地应用知识，提升教学的全面性和实效性。

（4）知识的精度。知识的精度体现在创新型教师对教学内容的精确理解和表达上。他们对知识有明确的定义，对概念有清晰的理解，对信息有准确的把握。这种精确性体现在教学中，使得教学内容清晰明确，容易被学生理解和接受。同时，他们会教导学生以精准的态度对待学习，培养他们的批判性思维和精细的学习习惯。

（5）知识的新度。知识的新度体现了创新型教师关注和接纳新知识、新理念的态度。他们关注学科前沿，积极吸收和学习新的研究成果和教学方法，将最新的知识和理念融入教学中。他们鼓励学生探索新知识，培养他们的创新思维和实践能力。知识的新度为教育教学注入新的活力，推动教育教学的创新和发展。

2. 知识更新

在当前信息爆炸的时代，知识更新的速度超过了任何一个时期。对于高校教师而言，更新知识不仅是职业发展的需要，更是保持教学效果和吸引学生兴趣的重要途径。高校教师的知识更新能力，体现了他们自我发展的能力和适应社会发展的能力。

（1）高度的知识更新意识。他们深知知识是教育的基石，而知识的更新和积累是教育创新的重要保证。他们始终保持对新知识、新理念、新技术的关注和学习，以此来增强自己的教育教学实力。

（2）懂得分析判断新知识的价值。面对海量的新知识，他们能辨别其科学性、实用性和先进性，有选择地将其融入自己的知识体系中。他们明白，不是所有新知识都值得学习，更重要的是能找到最适合自己教学需求的新知识。

（3）强大的新知识获取能力。他们利用多种方式获取新知识，包括阅读专业书籍、学术论文，参加学术讨论和研讨会，使用互联网和数据库等。他们善于利用现代科技手段获取新知识，提高自我学习效率。

（4）具有运用和传播新知识的能力。他们能熟练地将新知识融入教学中，使教学内容丰富多彩，更能吸引学生。同时，他们善于将新知识传播给同事和学生，推动教育环境的创新和发展。

3. 知识生成

教师在教学过程中，不仅需要消化并应用已有的知识，更重要的是在实践中获取新的知识，这就是创新型教师的知识生成能力。只有关注和培养知识生成能力，教师才能在不断变化的教育环境中，持续推进教育教学的创新和发展。

知识生成源于教师在课堂教学中的亲身经历和体验。教师在教学实践中会面临各种突发情况，比如学生的反常行为、教材的错误、教学设备的故障等。这些突发情况就像一种隐形的课程，给教师提供丰富的学习资源。教师通过对这些情况的处理和反思，可以生成新的实践性知识。

知识生成反映了教师的教育机智。面对复杂多变的教学环境，教师需要迅速作出专业判断和决策，这就需要他们以个人在课程实践活动所获得的实践性知识为基础。教育机智不仅需要学科知识，还需要教师的实践经验和个人智慧。只有依赖实践性知识，教师才能在无规律可循的情境中找到合适的教学策略。

知识生成是教师和学生共同成长的重要途径。教师在教学实践中的知识生成，不仅能丰富自身的教学方法，也能引导学生探索学习过程，培养他们的创新能力。教师如果只是教科书的奴隶和专家的代言人，那就会忽视教学实践中的偶发问题和学生探索过程的体验，阻碍自身和学生的成长。

（四）独特创新的专业特质

高校教师的专业特质是以一般素质和专业素质为基础，逐渐凝练、升华而成的一种更具专业独特性、更高级、更加稳固的品质。

1.教育理念

（1）学生观是"独特的人"观。创新型教师对学生的理解和看法，是从一个"独特的人"的角度出发。他们认为每个学生都是独一无二的个体，具有各自的个性、兴趣和优势，不应该被简单地归类或比较。他们强调尊重每个学生的个体差异，通过个性化的教学方法，引导每个学生发现和发展自己的潜能。他们鼓励学生展现自我，发挥自己的特点，尊重他们的想法和选择。他们希望每个学生能在学习中找到自我价值和满足感，感受到自己在学习和成长中的主动性和能动性。

（2）以学生为本的教育观。创新型教师的教育观念强调以学生为本。他们相信教育的核心在于关注每个学生的全面发展，而不仅仅是传授知识。他们努力打破传统教育中"以教师为中心"的模式，转向"以学生为中心"的教学方法，以满足学生的学习需求和兴趣。他们认为教师应该成为学生学习的引导者和助手，而不是简单的传授知识的工具。他们关注每个学生的情感、兴趣和动机，通过实践、探索和合作的方式，激发学生的学习兴趣和潜能，提高学生的学习效果和满足感。

（3）教学观以探究发现为核心。创新型教师的教学观以探究发现为核心，鼓励学生通过探究和发现的方式，积极参与学习过程，自主构建知识体系。他们认为教学应该是一个引导学生探究的过程，而不是简单地传递信息和知识体系。他们在教学过程中设计丰富多样的学习活动，鼓励学生积极参与、提出问题，独立思考，通过实践和体验，发现和理解知识。他们相信，通过这种探究发现的学习方式，学生不仅可以掌握知识，更能培养自主学习、批判思考和解决问题的能力，从而为终身学习和未来的生活与工作做好准备。

2.教学风格

（1）艺术性。艺术性在教学风格中的体现，主要是教师在教学过程中所采用的手段和方式具有吸引力、引人入胜的特性。教师有能力通过自身的独特方式，将课堂变为一个充满活力和创造性的空间。艺术性教学风格的教师擅长借助各种视觉、听觉等感官工具，将复杂的知识和概念变得易于理解和吸引人。同时，他们能够调动学生的积极情感，使学生在愉快、积极的情境中学习，从而激发学生的学习兴趣和积极性。

（2）创造性。创新型教师善于破旧立新，不拘泥于教科书和传统的教学方法。他们会尝试引入新的教学理念、教学方法和教学工具，以提高教学效果。他们将课堂视为一个开放的、充满可能的空间，鼓励学生跳出固定的思维模式，自由探索和创新。他们倾向于创建富有挑战性的学习环境，激发学生的创新思维，提高其解决问题的能力。

（3）实效性。实效性是指教师的教学活动能够达到预期的教学目标，有效地促进学生的学习。这种教学风格注重教学的实质效果，而不仅仅关注教学的形式。实效性教学风格的教师会根据学生的学习需求和水平，灵活调整教学计划和方法，以确保每个学生都能在课堂上得到有效的学习。他们会定期评估和反思自己的教学，通过反馈和调整，不断提高教学质量。

3.教育技能

（1）讲授技巧。创新型教师的讲授技巧并不局限于传统的单向教学方式，他们在向学生讲解知识的同时，也会引导学生参与到互动和探索中来。他们能够用清晰、生动的语言和有趣的实例讲解复杂的概念，使学生能够更好地理解和记忆。此外，他们还会借助多媒体工具，如视频、动画、图表等，将枯燥的知识变得生动有趣。

（2）鼓励技巧。创新型教师擅长运用各种鼓励技巧激励学生，他们能认识到每个学生都是独一无二的，因此需要用不同的方式来激励他们。他们会对学生的努力和进步给予积极的反馈，让学生感到自己的努力是被看见和认可的。同时，他们会教授学生如何自我鼓励，以增强学生的自信心和提高其自主学习的能力。

（3）评价技巧。创新型教师的评价不是仅通过考试分数来衡量学生的学习成果，而是会使用各种评价方法，包括形成性评价和终结性评价，以全面了解学生的学习情况。他们懂得如何提供建设性的反馈，帮助学生了解自己的优点和需要改进的地方。他们还会让学生参与自我评价和同伴评价，培养学生的反思能力和批判思维能力。

（4）课堂管理技巧。对于创新型教师来说，课堂管理既要确保课堂秩序，也要尊重和鼓励学生的参与和发展。他们会创造一个安全、尊重、支持学习的课堂环境，让每个学生都感到被接纳和重视。他们会制定公正、合理的课堂规则，并确保所有学生都了解并遵守这些规则。

（五）乐观包容的情感特征

教育教学是人与人之间交往互动的社会性过程。对于学生而言，教育教学活动不仅是一种理性的认知过程，还是一种社会化、情感化的过程。高校创新型教师具有乐观包容的情感特征，可以兼顾学生的认知和情感需求，使学生得到十分良好的情感发展。高校创新型教师乐观包容的情感特征的素质要素如表7-3所示。

表7-3　高校创新型教师乐观包容的情感特征的素质要素

素质要素	主题描述	自由节点
乐观幽默	一种积极的情绪或情感常态	积极心态；幽默感；风趣
宽容真诚	指教师在人际交往中表现出的诚挚、心胸豁达的态度	真挚；诚恳；心胸豁达
情感技巧	指在教师在交往中采用的一种控制情感、利用情感的技能或技巧	情绪控制；情感表达；恰当地批评学生；情感沟通
乐于合作	能够配合个人或群体达到共同的目标，互相帮助	有效的教师合作；师生合作；合作课题的收获
尊重学生	将学生作为独立的"人"来对待	尊重学生；平等对待学生；接纳学生
信任学生	对学生的发展有期待、有展望，并充满希望	相信学生；对学生有期望；感激学生；理解学生

1. 乐观幽默

乐观幽默是创新型教师的一种重要情感特征，他们拥有一种积极的生活态度，面对挑战和困难总是充满信心。他们的乐观情绪能够感染到学生，增强学生的学习热情和自信心。同时，创新型教师通常具备良好的幽默感，能够用幽默的语言和行为活跃课堂气氛，缓解学生的学习压力，增强他们对知识的兴趣和接受能力。

2. 宽容真诚

创新型教师在教学过程中表现出宽容和真诚的情感特质，对待学生的差错和失败，总是以宽容和理解的态度，给予学生鼓励和引导，而不是批评和惩罚。他们相信每个学生都有自己的潜能，只要给予适当的引导和支持，学生都能做得更好。此外，他们对教育工作抱有极大的热情，以诚实、公正、公平的态度对待每一位学生，这样的态度也能使教师得到学生的信任和尊重。

3. 情感技巧

高校创新型教师具有高超的情感技巧，他们能够理解和调控自己的情绪，也能够理解和应对学生的情绪。他们能够通过有效的情绪表达，建立与学生的情感联系，增强学生的学习动力和归属感。他们还能通过情感教学，引导学生学习如何理解、表达和管理自己的情绪，提高学生的情感智力和社会交往能力。总的来说，创新型教师的情感技巧不仅体现在他们的教学实践中，也体现在他们对学生人格全面发展的理解和推动上。

4. 乐于合作

高校创新型教师具有高度的合作精神，他们愿意与同事、学生和家长进行深度的合作，共同推动教育的进步。他们主动参与到各种教育活动中，分享他们的经验和见解，同时也愿意倾听他人的意见和建议，以寻求教育改革的最佳路径。此外，他们在课堂上也鼓励学生进行团队合作，让学生体验合作的力量，培养他们的团队合作能力和协作精神。

5. 尊重学生

高校创新型教师尊重每一个学生的个性和差异，理解并接纳学生的不同观点和学习方式。他们认识到每个学生都是一个独立的个体，都有自己的想法、兴趣和才华。因此，他们始终尊重学生的选择，鼓励学生追求自己的兴趣和梦想，而不是强迫他们按照既定的模式和步骤学习。

6. 信任学生

高校创新型教师深信每一个学生都有学习和进步的潜力，只要给予正确的引导和支持，他们都能实现自我超越。因此，他们会把更多的权利交给学生，让他们自主选择学习内容和方法，发展自己的独立思考能力。他们还会信任学生的判断和决定，让他们承担更多的责任，从而培养他们的自主性和责任感。信任不仅能增强学生的自信心，也能增强他们的学习动力和成就感。总的来说，创新型教师通过建立和维护一种充满信任和尊重的教育环境，激发学生的潜能，推动他们的全面发展。

二、影响创新型教师形成的制约因素

（一）环境因素：潜移默化的感染力

高校教师的创新能力受到多个因素的制约，其中环境因素起着重要的作用。

第一，组织文化与环境的制约。高校教师创新能力的形成需要良好的组织文化与环境的支持。如果学校的组织文化倾向于保守、传统，对创新持保守态度，那么教师很难在这样的环境中得到鼓励和支持，从而限制了他们的创新能力的发展；相反，如果学校鼓励创新、提供良好的创新环境，教师将更有动力去探索新的教学方法和教学内容，促进创新能力的发展。

第二，学风、教风、校风对教师创新能力的影响。学风、教风和校风是学校的重要文化特征，它们对教师的思维方式、教学方法和教育理念具有指导作用。如果学校注重培养创新思维，鼓励教师进行教学改革和教育创新，那么教师的创新能力将得到积极的培养和发展；相反，如果学校重视传统教学方式和标准化评价，教师可能会受到保守思维的制约，难以展现创新能力。

第三，团队建设与同行互动。教师在教学工作中往往是相对独立的，但团队建设和同行互动对于教师创新能力的提升至关重要。良好的团队合作能够促进教师之间的经验分享和交流，激发创新思维的迸发。教师之间的相互支持和激励可以为创新提供更多的动力和可能性，帮助教师在实践中不断探索和改进教学方法，提高创新能力。

第四，名师的示范与榜样作用。名师在教学实践中展现出的创新能力和教学成果对于整个教师队伍具有示范和引领作用。他们的创新实践和教育理念能够激发其他教师的创新思维，并为他们提供参考和借鉴的方向。名师的成功经验和教学方法对青年教师的创新能力养成起到积极的影响。因此，为了提升教师的创新能力，学校需要营造积极的创新环境，注重团队建设和同行互动，并明确名师示范的重要性，从而为教师创新能力的发展提供支持和引导。

（二）方法因素：适于社会的实践转化力

高校教师的创新能力要能够真正发挥其价值，需要将纯理论的创新转化为实践行动。创新的主流方向是从理论走向实践，通过信息化、数字化、智能化等科技手段，掌握创新方法和应用能力，为高校教师的创新能力提升创造条件。

高校教师的创新能力培养需要追随社会发展的潮流，把握前沿的思想观念和科学技术，推动社会不断向前发展。只有紧跟时代步伐，教师的创新能力才能得到真正的展现和应用。纯粹的理论创新实现起来困难重重，将创新理论转化为实践应用，通过科技手段践行创新方法和提高应用能力，才能更好地发挥创新的价值。

在实践中获取知识的养分和发展动力对于高校教师的创新能力形成至关重要。创新性成果的实践价值是创新的核心，只有将创新性成果应用于实践中，才能为教师提供实际经验和动力，进一步培养和发展其创新能力。通过实践的探索和应用，教师可以获得更多的知识和经验，不断提升自己的创新能力。

因此，适于社会的实践转化力是影响高校教师创新能力形成的重要因素之一，教师需要将纯理论创新转化为实践行动，应用科技手段，掌握创新方法和提高应用能力，才能更好地应对社会发展的挑战。同时，通过实践的探索和应用，教师能够获取实际知识和经验，提升创新能力。

（三）智力因素：基于本体的创新思维力

高校教师的创新能力受到个体因素的影响，这反映了主观因素对创新能力的制约作用。个体因素包括基础性智力、思考力、阅历以及其他非智力因素，如团队协作能力、洞察力和问题敏感度等，这些因素直接影响高校教师创新能力的激发程度，尤其是对于思维固化和思维定式的破除能力。

基础性智力和思考力。高校教师需要具备较高的智力水平和思考能力，如此才能更好地发现问题、提出新的观点和具有创新性的解决方案，这包括逻辑思维、创造性思维、批判性思维等方面的能力。基础性智力和思考力既受个体的先天基因条件影响，也与教师自身的社会经验和阅历相关。因此，在选拔和培养教师时，应注重对教师的基础性创新思维能力进行评价和把控，同时也要关注教师入职后的继续培养和发展。

情绪智力。情绪智力是指个体在处理和管理自己情绪以及与他人进行情绪交流方面的能力。教师的情绪智力受到性别、年龄、经历等因素的影响。研究表明，高水平的情绪智力对教师的职业成长、职能发挥和创新发展具有正向影响。具有较高水平情绪智力的教师能够更好地应对挑战和压力，更灵活地处理问题，以积极的情绪和心态投入创新活动中。

智力因素对于高校教师的创新能力具有重要影响，高校在选拔和培养教师时应重视对教师的基础性智力和思考力以及情绪智力的评估，并通过培训和发展措施提供支持，以促进教师创新能力的发展。

（四）知识因素：日渐积累的理论研究力

科学的理论源于实践，同时对实践具有指导作用，理论创新和实践创新相互促进。理论获取的关键在于知识的累积，只有通过日积月累的知识积累和学术探索，才能形成持久的理论研究力，这是影响高校教师创新能力的关键因素。

高校教师面临来自教学、科研和对外服务等多方面的压力，为了在繁忙的工作中实现突破和创新，产生融会贯通的连锁效应，高校教师必须在丰富的知识基础上进行意识、方式、组织等方面的创新发展，同时引导学生养成创新思维和空间格局。只有持续学习与进步、把握本专业领域的前沿动态的高校教师，才能真正具备创新能力，实现新知识与旧知识的重组、编码和融合，进而激发自身对创新发展的驾驭能力。

知识因素在创新型教师的形成中起着重要作用，这里所指的知识不仅包括书本知识，还包括来源于实践的经验和方法。高校教师不仅需要进行理论积淀和知识传播，还要承担创造新知识的任务。他们以探索和创新的精神，在教学和研究实践中探索和创新智力劳动成果。通过不断积累知识、参与理论研究和实践探索，高校教师能够提升自身的理论研究力，拓展创新能力的边界。

知识因素对于创新型教师的形成具有重要影响，高校教师需要不断积累知识、参与理论研究和实践探索，以提升自身的理论研究力，并将新知识与旧知识进行重组、编码和融合，从而激发创新能力的发展。

第三节 高校创新型教师的成长阶段与教师激励机制建设

一、高校创新型教师的成长阶段

（一）职前准备阶段

职前准备阶段是一个教师职业生涯的起点，也是创新型教师基础能力的建设期。在这个阶段，未来的创新型教师会接受大量的知识输入和技能训练，以积累充分的教育理论知识和学科知识。他们也会通过参与教育实习等活动，理解教育的实际操作，并形成初步的教育观念和价值观。

创新型教师的专业学习是这个阶段的核心，他们需要深入学习各种教育理论，理解教育的本质和目标，掌握教育的基本原理和方法。同时，他们还需要在学科知识上有所专攻，使自己在教育对象面前成为真正的知识专家。这不仅要求他们系统地学习相关的学科知识，也要求他们不断地更新和扩充自己的知识库，保持对新知识和新技术的敏感性。

在职前准备阶段，创新型教师需要完成教学基本功的训练，不仅要掌握各种教学技巧和方法，包括课程设计、教学组织、学生评价等，还需要熟悉和掌握各种教育工具和技术，包括信息技术、多媒体技术、网络技术等，这些技能的掌握将对他们未来的教学实践产生深远的影响。

教育实习是职前准备阶段的重要组成部分。通过亲自参与教育活动，未来的创新型教师可以直接接触教育的实际情况，了解教育的复杂性和变化性，体验教师的工作压力和职业满足感。他们可以从实习中发现理论和实践的差距，学习如何将理论应用到实践中，如何在实践中反思和修正理论。这将对他们未来的教学创新和教学改革产生深刻的影响。

职前准备阶段也是未来的创新型教师形成教师职业身份认同的重要阶段，他们需要在这个阶段树立自己的教育理想和教育信念，明确自己的教育目标和教育责任，形成自己的教育风格和教育特色。他们需要在这个阶段理解教师的职业属性和职业规范，认同教师的职业价值和职业尊严，培养自己的职业精神和职业道德。

（二）专业适应阶段

专业适应阶段是创新型教师从学校毕业后，开始正式担任教职的阶段。在这一阶段，教师面临从理论到实践的跨越，完成从师范生到教师的转变。这是一段极为重要的成长阶段，创新型教师需要在这段时间里克服各种困难，实现自我发展和专业成长。

新的教师需要在短时间内适应学校环境和教学工作，熟悉学校文化，理解和接纳学校的教学理念和教育政策。同时，他们需要快速掌握教学技能，以应对课堂教学的各种挑战。这时候，新教师可能会面临理想与现实差距较大的冲击，可能会遇到教学困难，可能会对自己的职业选择产生疑问。然而，创新型教师并不会因此退缩，他们坚定的教育理想和强烈的责任感，使他们能够积极面对并解决这些问题。

在专业适应阶段，创新型教师会开始尝试和实践自己的教育教学理念，会在实践中发现理论与实际的差距，会对教育教学理论进行反思和修改。他们会发现，教育教学不仅仅是传授知识，更重要的是激发学生的学习兴趣，培养学生的学习能力，提高学生的综合素质。在这个过程中，他们会不断地提升自己的教学能力，形成自己的教学风格，进一步强化自己的职业身份。

在这一阶段，创新型教师会不断丰富自己的教学经验，积累自己的教学实践知识，同时会根据自己的教学实践进行教学反思，提炼教学经验，总结教学规律。他们不满足于只做一个传统的教师，而是努力成为一个教育研究者，一个教育创新者。他们会尝试不同的教学方法和教学策略，不断改进和优化自己的教学。

（三）自我探索阶段

在自我探索阶段，教师已经掌握了基本的教学技能，并在教学实践中取得了一定的成就。然而，他们并不满足于此，而是希望能进一步提升自己的教育教学能力，实现自我突破。

在此阶段，创新型教师开始审视自己的教育教学实践，反思自己的教学行为，反思教学中出现的问题，反思学生的学习效果。他们试图从实践中发现问题、提出问题、解决问题，从而提升自己的教学水平。在这个过程中，他们的专业知识、专业技能、专业态度不断提升，他们的教学效果也日益明显。

创新型教师在此阶段的一个重要特点是，开始从关注教学转向关注学生。

他们开始深入理解学生的学习需求，关注学生的学习过程，尊重学生的学习主体性。他们在教学设计中，不再仅仅关注教学内容的传授，更关注学生的学习过程，尽可能地提供符合学生个体差异的教学策略和方法。

另外，创新型教师在此阶段会有意识地形成自己的教学特色，在教学实践中不断摸索适合自己的教学方式，形成自己的教学风格。他们在教学过程中表现出自主性、创新性和实效性，这也是他们教学特色的体现。

在自我探索阶段，创新型教师的专业发展获得了明显的进步，他们的教学效果得到了学校和社会的广泛认可，他们的教学成绩也得到了学校和社会的高度评价。他们可能会获得"教学新秀""教学能手""优秀教师"等荣誉称号，这些荣誉不仅是对他们教学工作的肯定，更是对他们专业发展的鼓励。

（四）专业成熟阶段

专业成熟阶段是创新型教师专业发展的巅峰阶段。在此阶段，创新型教师的教学技能已经达到了炉火纯青的程度，教育理念也已经非常先进和科学，教学实践经验丰富，教育教学研究深入，教育教学实践和理论研究都取得了显著的成绩。

在这个阶段，教师的教育教学理念发生了深刻的变化，他们不再仅仅关注知识的传授，而是更加关注学生的全面发展。他们明白，教育的本质不仅在于知识的传递，更在于学生的人格培养和创新能力的培养。因此，他们在教学设计中，充分考虑到学生的需求和特点，尊重学生的主体性，注重培养学生的独立思考能力和创新精神。

在教学方法上，他们已经掌握了各种现代教学方法，能够灵活地运用这些方法进行教学，同时善于启发学生，鼓励学生提问，鼓励学生参与，鼓励学生创新。他们能够用有趣的教学方式激发学生的学习兴趣，用科学的教学方法引导学生主动学习，用合理的教学策略帮助学生提高学习效果。

在教学实践中，创新型教师已经形成了自己的教学特色，能够根据学生的实际情况，调整自己的教学策略，使教学更符合学生的需求。他们的教学风格独特，教学方法多样，教学效果显著。而且他们的教学成果得到了学校和社会的广泛认可，教学实践经验也被广大教师学习和借鉴。

在这个阶段，他们的专业发展已经达到了成熟和稳定的状态，他们已经成为真正的教育专家，他们的教学技能、教育理念和教学实践都达到了较高的水平。他们不仅是学校的优秀教师，也是社会的优秀教育者，他们的影响力已经远远超出了学校的范围。

二、高校创新型教师的成长动力

（一）内部动力系统

内部动力系统是推动高校创新型教师成长的直接动力，主要包括以下几方面内容。

1.教育理想和信念

创新型教师的教育理想和信念对其成长产生了深远的影响，不仅激励教师自我超越，也为教师在教育教学中的决策提供了明确的指引。它们作为教师精神世界的重要组成部分，为教师的专业成长注入了持久而强大的动力。

教育理想体现了教师对于教育的追求和期待，这不仅包括教师对自己职业发展的期待，更包括对教育本身的理解和诠释。创新型教师的教育理想往往超越了传统的教育范式，他们关注学生全面发展，注重学生的个性差异，追求教育公正，强调教育的人文关怀，以及追求教育与社会的深度整合。他们用实际行动向社会展示了什么是优质的教育，什么是尊重学生的教育，什么是有益于学生全面发展的教育。这种理想充满了对教育的热爱和对社会的责任，也使教师在面对工作中的困难和挫折时，有了强大的精神支撑。

教育信念则是教师对教育价值和教育实践的坚定信任和承诺，体现为教师对于自身教育职业的高度认同、对于教育的价值和意义的坚定信念、对于学生的尊重和关爱、对于教育公正和平等的坚守。信念是教师在教育教学实践中的原动力，是教师在工作中积极向上、乐观面对、坚持不懈的精神源泉。创新型教师的教育信念往往比其他教师更为坚定，他们深知教育的重要性和长远意义，他们信心满满，坚持不懈，不断追求教育的创新和卓越。

教育理想和信念是创新型教师成长的内在动力，它们激励着教师不断进取，不断超越自我、追求卓越。在教育理想和信念的指引下，创新型教师勇于探索新的教育路径，勇于尝试新的教学策略，勇于挑战传统的教育观念和模式，他们以积极的态度面对工作，以敬业的精神投身于教育事业。他们的存在，为教育注入了新的活力和可能性，也为社会培养出了一批又一批优秀的人才。

2. 对教育的热爱

教师对教育的热爱主要体现在两个方面，即爱事业和爱学生，这既是教师发展的原动力，也是教师在教育教学活动中持续创新的基础。

爱事业是创新型教师热爱教育的前提。教师的职业身份不仅是一份工作，更是一种使命和责任。对教育事业的热爱，使得创新型教师能够全身心投入教学中，始终保持对教育教学的热忱。他们尊重并善于思考教育本质，持续学习并探索适合学生发展的教育方法。他们对教育教学的投入和热忱，使得他们在教育教学实践中，总是能够发现并解决问题，从而不断提升自身的专业素养。

爱学生是创新型教师对教育事业热爱的具体表现。爱学生是教育工作的核心，也是教师职业的本质。创新型教师对学生充满了关爱和尊重，他们坚信每一个学生都有其独特的价值和潜力，他们尊重学生的个性和特点，努力为学生创造适合其发展的环境。他们积极与学生交流，了解学生的需求和困扰，寻找适合学生的教学方法，帮助学生实现全面发展。对学生的深度关爱和理解，使得创新型教师的教育教学活动更贴近学生，也更能促进学生的发展。

对教育的热爱使创新型教师在教育教学实践中始终保持活力和创新精神，他们愿意投入大量时间和精力去思考和实践如何更好地促进学生的发展。这种对教育、对学生的深深热爱，使他们的教育教学始终充满活力和创新，也使他们在教育教学实践中不断实现自我超越和发展。

3. 自我实现的需求

自我实现的需求是马斯洛需求层次理论中的最高层次，它涉及一个人发挥他的最大潜能和完成自我价值的愿望。对于创新型教师来说，自我实现的需求是他们内在动力的重要组成部分，它推动教师在教育教学过程中追求卓越，努力实现自我价值。

自我实现的需求推动教师形成持续发展和创新的动力，这种需求使教师对自身的职业发展有着长期的规划和期待，不满足于目前的教学成果，而是期待在未来的教育教学活动中能够实现更大的价值。创新型教师有着强烈的责任感和使命感，他们期待通过自己的努力，实现对学生的影响，促进学生的发展，从而实现自身的价值。

自我实现的需求驱动教师对教育教学活动进行深入的研究和探索，使其在日常的教育教学活动中主动思考和探索新的教学方法，从教育实践中发现并解决问题，不断提高自己的专业素养。他们积极参与教育研究，丰富自己的教育理论知识，将理论与实践相结合，以推动教育教学的创新。

自我实现的需求促使教师积极面对教育教学的挑战，使之对自身充满期待，勇于接受新的挑战，不断拓宽自己的教育教学视野。他们以开放的心态接受新的教育理念和教学方法，敢于突破传统的教学模式，勇于实践新的教育教学理念。

4. 自主性发展意识

自主性发展意识是创新型教师内部动力的一部分，主要涉及教师对自己职业发展的主动性和独立性的认识和行动。具备自主性发展意识的教师，不仅能够主动地规划自己的职业道路，而且能够积极地面对教育教学的挑战，持续提升自己的专业素养。下面从几个方面来深入论述创新型教师的自主性发展意识。

在对教育教学活动的主动参与上，创新型教师不等待被动接受教学任务，而是积极地寻找教育教学的机会，主动地设计和实施教学计划。他们根据自己的专业兴趣和学生的学习需要，选择合适的教学内容和教学方法，致力于提升教学质量和学生的学习成效。

在对自身发展的深度反思上，创新型教师通过自我观察和自我评价，定期审视自己的教育教学实践，反思自己的教学行为和教学效果。他们在反思中发现自己的优点和不足，学习和借鉴他人的成功经验，调整和改进自己的教学策略和教学方法，从而促进自身的专业成长。

在对教育教学挑战的积极应对上，创新型教师以开放和接纳的态度面对教育教学的变化和挑战，将问题和困难视为自我提升和创新的机会。他们在面对挑战时不会退缩，而是勇敢地尝试新的教学理念和教学方法，以创新和实践来解决问题，实现自我超越。

（二）外部动力系统

在创新型教师的成长历程中，外部动力系统为其提供了支持、机遇与启示，推动创新型教师产生成长需求，并将其转化为内部动力。外部动力系统主要包括以下几方面。

1. 教育教学改革

教育教学改革是推动创新型教师成长的重要外部动力，它为教师提供了新的视野、新的挑战和新的机遇，激发教师的积极性和创新性，促进教师的专业发展和自我完善。

在教育教学改革的推动下，教师角色正在从传统的知识传递者转变为引导者、组织者和学习者。这个转变明确了教师在教育教学活动中的新定位，提醒教师要关注学生的全面发展，强调学生的主体地位和主动学习，引导教师将教学焦点从教师本身转向学生，从知识传授转向学生的能力和素质培养。这帮助教师明确了成长的目标和方向并提供了指导。

教育教学改革提供了丰富的学习和实践机会，为教师的成长提供了具体的指导。教育教学改革中的新理念、新策略和新技术，都需要教师去学习、掌握并应用到教育教学实践中。这些学习和实践的过程，就是教师自我成长和自我完善的过程。改革中的每一个挑战，都是教师增长智慧、提升能力的机会。

教育教学改革向教师提出了新的要求，需要教师抛弃过时的观念，接纳和理解新的教育理念。教师在理解和接纳新理念的过程中，会对自身的教学理念和教学方式进行深入反思和调整，从而实现思想的更新和转变。

2. 参与教育科研

参与教育科研活动不仅能够帮助教师提升专业素养，增进对教育的理解和热爱，也能激发教师的创新精神，提升教育教学的质量，是推动创新型教师成长的重要外部动力。

通过科研活动，教师可以深入了解和探究教育的理论和实践，从而更好地理解教育的价值和目标，以及教育在社会和个体生活中的重要性。这种理解能够帮助教师将教育的理念和价值融入他们的教学实践中，从而提升教学质量。而且，科研活动常常需要教师进行深入思考，收集和分析数据，撰写和评审科研论文。这些活动能够帮助教师提升他们的批判性思维和数据分析、研究设计和写作等关键技能。这些技能在教育教学实践中同样非常重要。

科研活动可以让教师有机会从不同的角度审视和改进他们的教学实践，寻找新的教学方法和策略，这种探索和创新能够帮助教师实现他们的专业发展和自我价值。另外，当教师通过科研活动产生有价值的教学理念或策略时，他们会感到自己的工作是有价值和意义的，从而增强他们对教师职业的认同感和热爱。因此，参与教育科研活动也能够增强教师的职业认同感。

三、高校创新型教师激励机制的构建

教师激励机制的构建是一个复杂而微妙的过程，它涉及两个主要的方面，即物质层面和精神层面，这两者并非孤立存在，而是相辅相成，共同作用于教师的工作积极性和教学效能。高校创新型教师激励机制的构建策略如图7-2所示。

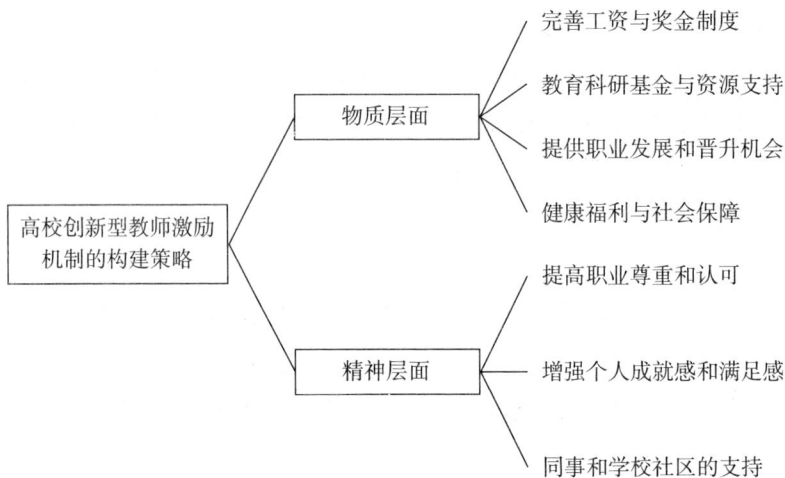

图 7-2　高校创新型教师激励机制的构建策略

（一）物质层面

1.完善工资与奖金制度

在创新型教师的培养和激励中，物质激励是不可或缺的一部分，将工资与奖金制度作为物质激励的核心，可以更好地激发教师的工作热情和教学创新意识，对于提升教师的工作积极性、教学质量和科研能力都有极其重要的作用。

工资是教师基本的生活保障，合理的工资待遇能够保证教师的基本生活需要，使教师无后顾之忧地投入教育教学工作中。合理的工资待遇不仅能够体现教师的价值，而且能够使教师感到被尊重和认可。这种感觉能够调动教师的工作积极性，使教师愿意将自己的才能和精力投入教育教学工作中。

奖金制度是激励教师进一步提升教学科研能力的有效方式，奖金可以根据教师的工作表现、教学质量、科研成果等因素进行动态调整。这种动态奖励机制能够激发教师的积极性和创新性，促使教师更积极地投入教学和科研工作中。

另外，工资与奖金制度还可以通过引入竞争机制，使教师在追求个人价值和职业发展的同时，也能够关注教育教学的质量和效果，从而形成一个良性的教育教学环境。需要注意的是，在实施工资与奖金制度时，应遵循公平、公正、透明的原则，确保每一位教师的努力都能得到应有的回报。同时，也要注重对教师个体差异的考虑，尽可能地实现因人施教，让每一位教师都能在自己的岗位上得到最大程度的发展和满足。

2. 教育科研基金与资源支持

对于创新型教师来说，他们所需要的不仅仅是经济上的奖励，更需要在教学和科研过程中得到足够的支持，而教育科研基金与资源支持恰恰能够满足这一需求。通过提供足够的基金和资源支持，高校能够激发创新型教师的工作热情，引导他们更好地开展教学和科研活动，从而提升整体的教学质量和科研水平。

在教学和科研过程中，创新型教师往往需要大量的资金用于购买教学设备、科研器材，或者是进行相关的培训和参与学术会议等。这些都需要投入大量的资金。因此，高校应该设立专门的教育科研基金，用于支持教师的教学和科研活动。同时，这些基金应该按照公开、公平、公正的原则进行分配，以激发所有教师的工作热情。

除此之外，高校还应该为创新型教师提供足够的资源支持，包括提供良好的教学环境，如设施齐全的教室和实验室；提供高质量的教学资源，如丰富的图书馆藏书和在线学习资源；以及提供专业的技术支持，如科研设备的操作指导和技术问题的解答。只有得到了充分的资源支持，创新型教师才能更好地开展他们的教学和科研活动。

3. 提供职业发展和晋升机会

高校提供清晰的职业发展路径和晋升机会，可以让教师看到自身发展的可能性，进而激发其积极工作、不断进取的动力，充分调动创新型教师的积极性和创造性，推动他们在教学和科研上取得更大的进步。

创新型教师通常具有较高的职业期望和自我实现需求，他们不满足于日常教学和科研工作，更希望通过工作表现来提升自己的职业地位和社会认同度。因此，高校应设定公平、公正、透明的职业晋升制度，使教师可以通过自己的努力和表现获得职业发展的机会。这样的制度可以激发教师的积极性和主动性，推动他们持续提升自己的教学和科研能力。

高校应设立多元化的职业发展路径，除了常规的职业晋升路径，如从助教到教授的职称晋升路径外，高校还可以设立其他的职业发展路径，如研究型教师、教学型教师等。这种多元化的职业发展路径可以满足不同教师的个性化需求，充分调动他们的积极性和创造性。

高校应该为教师提供足够的职业发展资源和支持，如定期举办教师职业发展研讨会，邀请成功的教师或者教育专家来分享他们的经验和见解；设立教师发展基金，支持教师进行教学和科研上的创新尝试；设立教师职业发展咨询服务，为教师提供职业规划和发展方向的咨询服务等。

4.健康福利与社会保障

高校需要为教师提供稳定和全面的福利保障，包括但不限于医疗保险、退休保障、住房保障等，以满足他们的基本生活需要和安全感需求，进而营造出有利于他们安心投入工作的环境。

医疗保险是一项基本的福利保障。高校需要为教师提供足够的医疗保险，保障他们在遇到疾病或意外时能得到及时和充足的医疗照顾。此外，高校也可以提供定期的健康检查和健康咨询服务，帮助教师关注和维护自己的身体健康。

退休保障是教师长期工作的重要考量因素。高校需要为教师提供稳定和充足的退休金，让他们在退休后可以享受到安稳和舒适的生活。同时，高校也可以提供其他的退休福利，如开放退休活动中心、组织退休旅游等，让教师在退休后可以享受丰富和有意义的生活。

住房保障也是教师工作的重要条件。高校可以通过提供校区住房、住房补贴等方式，帮助教师解决住房问题。这样可以使教师在住宿方面安心，更好地投入教学和科研工作中。除此之外，高校还可以提供其他的福利，如教育补贴、休假制度等，以满足教师的其他生活需要。

（二）精神层面

1.提高职业尊重和认可

提高职业尊重和认可是精神层面的重要激励方式，对于创新型教师而言具有极其重要的意义。在现代社会，教师不仅是知识传授者，更是引导学生个性发展、提升学生创新能力的重要推动者，他们的努力与贡献理应得到全社会的尊重与认可。

职业尊重是创新型教师的基本权利，尊重体现在平等对待、公正评价、包容差异等多个方面。高校需要提供公平、公正、公开的工作环境，让教师感受到他们的价值被认可和尊重。在校内外，应当充分宣传教师的社会地位和职业荣誉，让教师真正地感受到他们的工作是被看重的、被尊敬的。

对于教师的努力和成就应当给予充分的认可，无论是教学成果还是科研成果，都应该被看到、被肯定，这种认可可以是形式的，如荣誉证书、奖项等，也可以是实质性的，如提高待遇、增加晋升机会等。认可的过程也是对教师专业素养的肯定和鼓励，能够激发教师的工作热情，促进其更好地进行教学和科研活动。

高校应当重视教师的心理健康，提供必要的心理支持和咨询服务，帮助教师应对职业压力，保持良好的心态。这不仅是对教师的人格尊重，也是对其职业贡献的认可。社会要积极建设和营造教育人文环境，以尊重和认可为核心，形成人人平等、人人互尊的和谐社区，从而激发教师的工作热情，引导其持续地追求职业成就，推动其成长为优秀的创新型教师。

2.增强个人成就感和满足感

在教育过程中，教师的付出与努力、学生的进步与成功、教师的教学创新与科研成果等都可以为教师带来深刻的成就感和满足感，这种感受不是物质奖励所能比拟的，它涵盖了教师对自我价值的实现、对职业目标的达成、对教育事业的热爱等多重因素。

在日常的教学工作中，教师通过不断的探索和尝试，使学生有所收获、有所进步，这种直接从教学中获得的成就感和满足感是最真实也是最具有鼓舞性的。看到自己的教学方法和策略帮助学生了解新的知识、解决实际问题，甚至影响他们的人生观和价值观，教师感受到自己实现了人生价值，这种满足感深深地激励着教师继续探索、继续创新。

在科研工作中，教师通过不断的研究和探讨，发现新的知识，解答新的问题，形成新的理论，这种科研成就带给教师的满足感和成就感也是非常重要的。科研成果的获得不仅证明了教师的专业能力，也是对其职业热情和敬业精神的肯定，为教师提供了极大的精神支持。

在职业发展中，教师通过不断的学习和提升，获得职业资格的认证，晋升到更高的职务，这种职业发展带来的成就感和满足感也是教师工作的重要动力。在职业晋升的过程中，教师感受到自己的努力和付出得到了认可，这种认可不仅来源于外界的评价，更是教师对自己职业生涯的认可和肯定。

教师的成就感和满足感的来源是多元的，包括但不仅限于上述的教学、科研、职业发展等方面。对于每一位教师来说，最能带来成就感和满足感的事情可能是不同的，这取决于他们的个人目标、价值观以及职业期待。因此，高校在激励教师时，也应该尽可能地考虑到这些个性化的需求，提供更加符合其需求的支持和帮助，以激发他们焕发更强大的工作热情和创新活力。

3. 同事和学校社区的支持

教育工作是一个需要团队合作和共享资源的工作，同事和学校社区的支持和鼓励在教师的职业生涯中扮演着重要的角色。特别是对于创新型教师，他们在教学和研究中常常需要尝试新的方法和策略，而这种尝试不仅需要个人的勇气和决心，更需要得到同事和学校社区的理解、支持和鼓励。

良好的同事关系可以为教师提供一个安全、友好的工作环境，使他们能够在工作中享受到快乐，释放压力，从而更加积极地投入工作中。同事间的交流和分享也可以为教师提供新的视角和思路，帮助他们解决教学中遇到的问题，激发他们的创新思维。

学校作为教师工作的主要场所，其文化氛围、资源配置、政策环境等都直接影响着教师的工作状态和发展空间。一个充满活力、开放包容、鼓励创新的学校社区，能够为教师提供丰富的资源，扩大他们的发展空间，激发他们的创新动力。

另外，教师也需要得到家长和学生的支持和鼓励，家长和学生的理解、尊重和信任，是教师能够顺利开展工作、达成教学目标的重要保障。同时，家长和学生的反馈也是教师改进工作、提升自我的重要参考。

第八章　总结与展望

第一节　总结

在当今这个日新月异的时代，社会对高校教育的期待已经不仅仅是传统的知识传授，更多的是培养学生的创新能力和解决问题的能力。因此，高校的教学模式创新以及创新型人才的培养研究变得尤为重要。

现如今，全球化与科技进步已经极大地改变了人们的社会与经济生活，教育也必须做出改变以适应这些新的环境。特别是高等教育，进行高等教育改革不仅是为了满足个人的自我提升，更是为了服务于社会和国家的发展。传统的教学模式已经无法满足现代社会对于人才的多元化和个性化需求，高校教学模式的创新势在必行。在新的教学模式下，学生不再是被动地接受知识，而是主动地参与到学习过程中，通过探索和实践去获取和建构知识，形成自己的理解和思考。由此可见，创新的教学模式能够更好地引导和激发学生的学习兴趣和创新潜能。

创新的教学模式能够培养学生的批判性思维和解决问题的能力，在面对快速变化的社会和复杂的现实问题时，这些能力是至关重要的。而这些能力的培养，需要在教学过程中充分地给予学生思考、探索和挑战的机会。

教学的目标不仅仅是传授知识，还要培养学生的素养和能力，形成自主、合作、创新的学习风格。改变教学方式和手段，可以使教学更加丰富和有趣，更能吸引学生的注意力，提升他们的学习兴趣和效果。因此，创新的教学模式有助于提升教学的质量和效果。

在当前社会，创新型人才的培养已经成为一种迫切的需求。经济全球化和科技快速发展带来的挑战，使得人们对人才的需求有了新的认识。社会不再需要只掌握专业知识和技能的人才，而是需要具备创新精神和能力，能够适应和引领变化，解决复杂问题的人才。创新型人才的培养，首先需要改变对于知识和学习的观念。知识不再是固定的和不变的，而是不断更新和发展的；学习不再是接受和记忆，而是发现和创新。因此，高校需要提供更加开放和灵活的学习环境，鼓励学生主动学习，批判思考，创新实践。

创新型人才的培养也需要建立和完善相关的制度和机制，如设立创新项目、竞赛，建立创新工作室和实验室等，为学生提供充足的实践机会和资源。同时，高校还需要对教师进行专业化的培训，提升他们的教学能力和素质，使他们能够有效地引导和支持学生的创新学习。

教学模式的创新与创新型人才的培养是相辅相成的，教学模式的创新为创新型人才的培养提供了可能，而创新型人才的培养则可以反过来推动教学模式的创新。教学模式的创新，主要表现在以学生为中心，强调学生的主动学习和创新实践。这种教学模式为学生提供了广阔的学习空间和充足的学习机会，激发了他们的学习兴趣和创新欲望，培养了他们的创新精神和能力。另外，创新型人才的培养对教学模式的创新也提出了新的要求和挑战。为了培养出符合社会需求的创新型人才，高校需要不断地更新和优化教学模式，使其更加符合学生的学习需求，更加适应社会和经济的发展。

总之，高校教学模式的创新和创新型人才的培养是当前教育改革的重要方向，也是面向未来教育的关键任务。高校需要积极地探索和实践，以适应社会的发展和需求，培养出适应未来社会的创新型人才。

第二节　展望

展望未来，高校教学模式创新与创新型人才培养仍有巨大的发展空间和无穷的可能性。对于教学模式的创新，未来的高等教育将越来越强调个性化和定制化。随着教育科技的进步，如人工智能、大数据和在线学习平台的发展，每个学生都将有可能获得符合其个人兴趣、需求和发展速度的定制化教育。在这样的教学模式下，教师的角色也将发生变化，他们将更多地成为学生学习的指导者和辅导者，而非单纯的知识传递者。教学的方式也将从单向的知识传授转变为双向的互动和交流，从而提升学生的主动参与度和学习效果。

对于创新型人才的培养，高校应该制定更加全面和均衡的教育策略。未来的创新型人才不仅需要深厚的专业知识，更需要跨学科的视野、丰富的实践经验，以及良好的情感态度和人文素养。因此，高校不仅要注重培养学生的专业技能，也要注重培养他们的批判性思维能力、团队协作能力，以及社会责任感。同时，高校应该提供更多的实践机会，如项目学习、实习实训等，以便学生能够将所学知识运用到实践中，增强他们解决实际问题的能力。高校还应更加积极地参与社会服务，与社区、企业和政府等外部组织进行更多的合作。这不仅可以为学生提供更多的学习和实践机会，也可以使高校教育更加贴近社会实际，更好地满足社会需求。

在人才培养方面，未来的教育将更加注重培养学生的创新精神和创新能力。在这个日新月异、信息爆炸的时代，知识的更新速度远超过人们的想象。因此，高校的任务不再是单纯地向学生传授知识，而应该更多地帮助他们学会如何学习、如何独立思考、如何解决问题，以及如何持续创新。

总之，未来的高校教学模式创新和创新型人才培养面临着诸多机遇和挑战，也充满了无限的可能性。高校应以开放的心态和创新的精神，不断探索新的教学模式，培养出更多具有创新精神和实践能力的人才，以应对快速变化的社会环境，更好地服务于社会的发展。

参考文献

[1] 何聚厚 . 高校教学模式创新与实践研究（五）[M]. 西安：陕西师范大学出版总社有限公司，2021.

[2] 陈玲 . 移动互联下的高效教学模式 [M]. 北京：中国科学技术出版社，2020.

[3] 达巴姆 . "互联网 +" 时代高校课堂教学模式改革与创新研究 [M]. 长春：吉林人民出版社，2021.

[4] 王志和 . 基于网络环境高校课程混合式教学模式的研究与实践 [M]. 延吉：延边大学出版社，2019.

[5] 周芸 . 高校教育教学管理模式创新研究 [M]. 北京：中国财政经济出版社，2021.

[6] 卢东祥 . 地方高校创新型人才培养路径研究 [M]. 北京：北京工业大学出版社，2020.

[7] 李跃，卢雨秋，罗双，等 . 面向创新型国家建设的高校人才政策研究 [M]. 成都：四川大学出版社，2022.

[8] 李红，王谦 . 新时代高校实践育人理论与实践 [M]. 镇江：江苏大学出版社，2021.

[9] 赵杨 . 创新创业实践与应用型高校人才培养研究 [M]. 北京：中国纺织出版社，2022.

[10] 汪睿 . 高校拔尖创新人才培养模式研究 [M]. 武汉：武汉大学出版社，2021.

[11] 韦倩青.互联网＋背景下高校创业创新人才培养模式 [M].北京：知识产权出版社，2021.

[12] 冉小峰，施锦丽.深化高等教育改革创新人才培养 [M].北京：旅游教育出版社，2021.

[13] 邹卒.新建本科院校校企合作协同创新人才培养模式研究与实践 [M].成都：电子科技大学出版社，2019.

[14] 程宇欢.高校教育供给侧改革与人才培养模式创新 [M].北京：中国纺织出版社，2022.

[15] 李喆.地方高校创新创业教育研究 [M].济南：山东人民出版社，2020.

[16] 洪晓畅.新时代高校实践育人协同创新研究 [D].长春：东北师范大学，2022.

[17] 王一涵.行业特色高校创新型人才培养的机制与路径：以高等农业院校为例 [D].武汉：华中农业大学，2022.

[18] 谢发国.第二课堂对大学创新人才培养的作用机制研究 [D].徐州：中国矿业大学，2022.

[19] 董颖.地方高校创新创业教育课程体系研究：以 S 大学为例 [D].沈阳：沈阳师范大学，2022.

[20] 于文丰."双一流"教育背景下省属高校本科人才培养问题研究：以 H 省为例 [D].哈尔滨：黑龙江大学，2022.

[21] 郑林.高校创新型技术人才培养问题与对策研究 [D].郑州：中原工学院，2022.

[22] 武青.新时代高校大学生创新能力培养研究 [D].昆明：昆明理工大学，2022.

[23] 张岚.高校培养时代新人研究 [D].郑州：华北水利水电大学，2021.

[24] 牛浩楠.产教融合视域下高校创新创业型体育人才培养现状与对策研究：以长沙市四所高校为例 [D].长沙：湖南师范大学，2021.

[25] 吴惠.高校创新创业教育与专业教育融合共生的路径研究：以江苏省 C

大学为例 [D]. 常州：常州大学，2021.

[26] 殷桥 . 黑龙江省高校创新创业人才培养对策研究 [D]. 哈尔滨：哈尔滨商业大学，2021.

[27] 刘盈楠 . 我国高等教育人才培养模式演进研究（1978—2020）[D]. 长春：东北师范大学，2021.

[28] 蒋欣 . 大学生创新创业之高校服务体系优化研究 [D]. 徐州：中国矿业大学，2021.

[29] 蔡强 . 基于 CiteSpace 的高校创新创业教育研究进展的可视化分析 [D]. 长沙：湖南师范大学，2021.

[30] 周玉霞 . 高校在线教学模式创新实践与探索：评《在线教学模式创新实践与探索》[J]. 中国高校科技，2023（3）：102.

[31] 钟霞，刘颖，刘雪菲丹，等 . 高校"互联网 +"混合式教学模式的创新与实践 [J]. 科技资讯，2023，21（2）：187-190.

[32] 倪明辉 . 应用型本科高校"跨学科专创融合"教学模式构建：以黑龙江工程学院为例 [J]. 职业技术教育，2023，44（2）：63-67.

[33] 程苗 . 融合式教学模式下高校教学质量监控 [J]. 淮阴工学院学报，2022，31（6）：69-73.

[34] 杨小辉，贾真，张小龙 . "互联网 +"背景下高校课堂教学模式的创新 [J]. 创新创业理论研究与实践，2022，5（6）：116-118.

[35] 周惠 . 智能化下民办高校教学模式创新研究 [J]. 经济师，2021（12）：198-199，205.

[36] 乔玉香，周昌仕，姜晓丹 . 地方涉海高校创新人才培养教学改革探索 [J]. 创新与创业教育，2023，14（1）：107-113.

[37] 彭术连，肖国芳，刘佳奇 . 我国高校拔尖创新人才培养的路径依赖及变革突破 [J]. 科学管理研究，2022，40（6）：122-129.

[38] 顾雨辰 . 创新人才培养视域下高校教育管理开展路径 [J]. 中国多媒体与网络教学学报（中旬刊），2022（12）：142-145.

[39] 李鑫璐，霍楷．对于构建高校创新人才培养模式的探究 [J]．创新创业理论研究与实践，2022，5（15）：122-125.

[40] 李冠杰．高校协同创新人才培养模式构建研究 [J]．陕西教育（高教），2022（7）：53-55.

[41] 杨德广．拔尖创新人才培养的成效、缺失和建议 [J]．重庆高教研究，2022，10（6）：3-9.

[42] 田敏．高校应用型创新人才培养定位及路径探析 [J]．黑龙江人力资源和社会保障，2022（15）：119-121.

[43] 叶美兰，金久仁．地方高校创新人才培养的行动逻辑与实践路向 [J]．国家教育行政学院学报，2022（5）：18-24.

[44] 魏剑，张昊，张军战，等．"双一流"时代省属高校创新人才培养研究 [J]．教育教学论坛，2022（14）：173-176.

[45] 廖兴．以创新人才培养为导向的高校研究型教学模式构建 [J]．黑龙江高教研究，2022，40（4）：141-146.

[46] 齐子姝，郭磊，赵熠，等．工程教育专业认证下工科高校创新人才培养研究 [J]．中国管理信息化，2022，25（3）：192-195.

[47] 孙雨，胡义伟．"双一流"建设背景下创新人才培养改进对策研究 [J]．创新创业理论研究与实践，2022，5（2）：66-68，73.

[48] 林澎，孙荣敏．地方高校高层次创新人才培养策略研究与实践 [J]．科技视界，2022（1）：148-150.

[49] 卢鑫，郭婷，王贝．创新人才培养与高校教学评价改革 [J]．科教导刊，2021（35）：37-40.

[50] 邹云良．高校创新创业人才培养路径探讨 [J]．商展经济，2021（20）：89-91.

[51] 翟小宁，荣佳慧．创新人才培养的国际经验及启示 [J]．中国高等教育，2021（20）：62-64.

[52] 倪伟，乔红宇，程真启．基于创新人才培养下的高校教学改革探究 [J]．

中国多媒体与网络教学学报（中旬刊），2021（10）：44-46.

[53] 王薇，姜尚洁.地方本科高校应用型创新人才培养的 SWOT 分析及推进策略 [J].教学研究，2021，44（5）：33-38.

[54] 黄敏，陈炎辉.拔尖创新人才培养的现实透视与多学科审思：基于 36 所"强基计划"试点高校的分析 [J].创新人才教育，2021（3）：46-52.

[55] 赵亚鹏.地方高校应用型创新人才培养定位与对策研究 [J].宁波经济（三江论坛），2021（8）：46-48.

[56] 张建卫，周愉凡，滑卫军.行业特色高校拔尖创新人才培养的使命担当 [J].中国科技人才，2021（4）：36-41.

[57] 陈艳，邓淑玲.高校创新人才培养及保障机制研究 [J].营销界，2021（34）：30-31.

[58] 郭建华."创新人才"培养视角下高校教师绩效评价与教学改革研究 [J].科技风，2021（22）：57-59.

[59] 张建红."双一流"建设背景下我国高校拔尖创新人才培养研究 [J].江苏高教，2021（7）：70-74.

[60] 刘利.新形势下民族高校本科拔尖创新人才培养模式改革探索 [J].阿坝师范学院学报，2021，38（2）：115-121.

[61] 刘海燕，蒋贵友，陈唤春.我国拔尖创新人才选拔与培养的路径研究：基于 36 所高校"强基计划"招生简章的文本分析 [J].高校教育管理，2021，15（4）：93-100，124.

[62] 吕林，梁毅，杨吟野."创新人才培养计划"驱动下对高校大学生创新创业平台的建设与讨论 [J].投资与创业，2021，32（12）：35-36，51.

[63] 韩双淼，谢静."双一流"大学创新人才培养战略研究：基于 C9 高校建设方案的文本分析 [J].现代教育管理，2021（5）：30-37.

[64] 汤雯雯.新就业形势背景下高校应用型创新人才培养模式探讨 [J].环渤海经济瞭望，2021（5）：141-142.

[65] 杨正强.高校应用型创新人才培养的生态环境优化策略：以重庆文理学

院的实践为例 [J]. 教育观察，2021，10（17）：138-140.

[66] 辛丽明 . 基于产教融合的高校应用型创新人才培养研究 [J]. 公关世界，2021（8）：44-46.

[67] 黎金梅，纪兰 . 应用型本科高校创新人才培养模式的研究 [J]. 大陆桥视野，2021（3）：108-109，111.

[68] 邵楠 . 高校复合型拔尖创新人才培养的探索：以东华大学为例 [J]. 纺织服装教育，2021，36（1）：23-27，45.